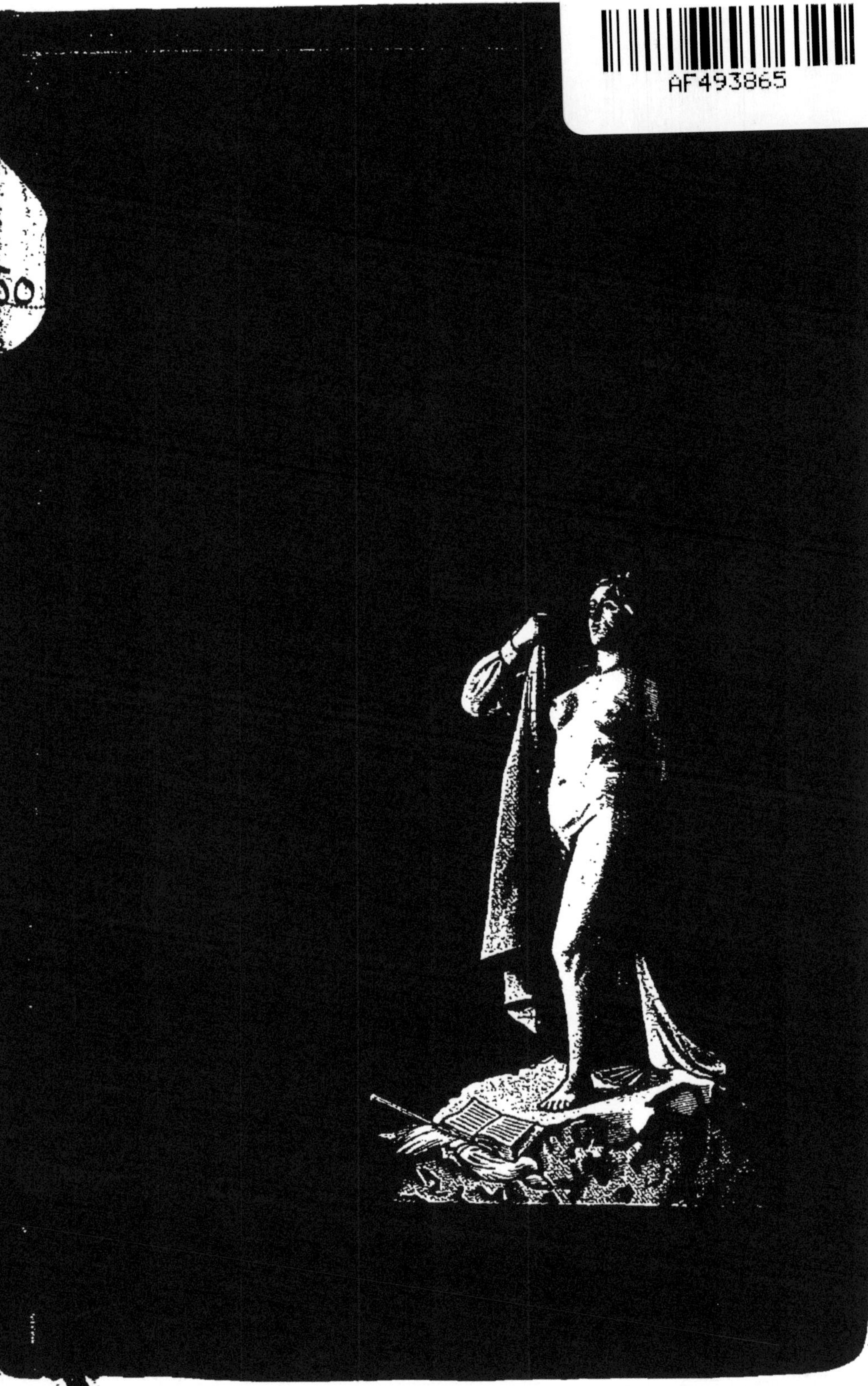

LES FEMMES
SCULPTEURS
GRAVEURS

ET LEURS ŒUVRES

MARIA LAMERS DE VITS

LES FEMMES SCULPTEURS GRAVEURS ET LEURS ŒUVRES

« La femme revêt la blouse du travail
pour acquérir une individualité.

BL. MORIA

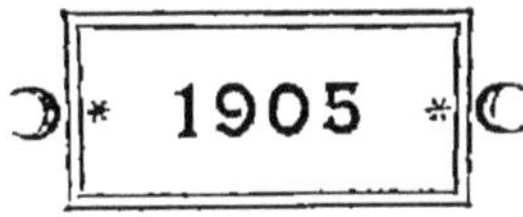

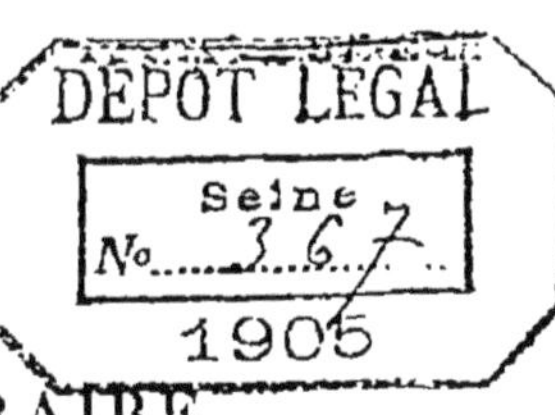

PARIS
REFERENDUM LITTÉRAIRE
Bibliothèque
40, RUE DU BAC, 40

PRÉFACE

Mesdames,

Cet ouvrage étant uniquement documentaire, je tiens à le faire précéder d'une préface qui s'adresse spécialement à toutes les vaillantes dont les noms, suivis de leurs œuvres, ont place dans ce volume.

Il serait sans doute équitable de vous dire le but de mes recherches et de ce volume, le but qui a guidé mon cœur.

Avant tout autre préambule, je vous dois cette vérité, savoir : que je ne suis point artiste, que mes doigts ignorent le maniement du pinceau autant que du ciseau et du burin ; mais privée de ce don divin de faire vivre dans le marbre ou le bronze des réalités ou des rêves, j'ai pour idéal l'égalité des deux sexes et ma devise n'est autre que : à mérite égal, considération identique.

Donc, cherchant à hâter la réalisation de cette Idée, j'ai pensé qu'en mettant au grand jour le nombre réuni des Femmes Sculpteurs et leurs œuvres, je donnerais une preuve militante en faveur de mes tendances.

Dans peu de temps je ferai paraître les Femmes Peintres et leurs œuvres.

Quantité de femmes ont produit des œuvres érigées en places publiques, ou acquises pour des Musées, soit qu'elles aient été achetées par l'Etat ou commandées par des comités. De l'une et l'autre façon ces marbres et ces bronzes ont obtenu ainsi une sanction du talent de leurs auteurs.

Dire vos noms, Mesdames, assez haut pour que nul ne les ignore, indiquer les endroits où vos œuvres sont exposées au verdict de tout jugement impartial, tel est le désir dont j'ai été animée.

Dans mes ardues recherches pour arriver à la concentration de tant de documents, j'ai été frappée et peinée d'apprendre par vous-mêmes, que fréquemment au nombre des achats faits aux artistes par l'Etat ou les Villes, on néglige d'instruire les auteurs du musée ou de l'édifice auxquels elles sont destinées. Les autorités ne pourraient-elles donner cette minime, mais efficace satisfaction à l'artiste d'être avisé officiellement de l'endroit choisi, et, dans le cas d'un transfert en autre lieu ne pourrait-on les en avertir ? Cette marque de courtoisie donnerait grande assurance et ne coûterait guère de travail adminisiratif ; vos confrères du sexe fort en seraient, je crois, également enchantés.

Je suis comme vous le voyez, Mesdames, femme d'action et me considérant solidaire de vous toutes, je voudrais vous exposer un souhait auquel il vous serait facile de donner votre adhésion. Obligées souvent de vous affirmer avant d'avoir l'entrée des Salons officiels, ne croyez-vous pas que toute artiste devrait faire partie de l'Union des Femmes peintres et sculpteurs ; les arrivées elles, pour donner force et courage aux jeunes. Cette société fondée par votre plus éminente confrère, Madame Léon Bertaux, l'a été dans ce but. Le titre de membre de cette société ne vous empêche nullement de rester ou de devenir membre des sociétés artistiques mixtes

Il est encore un autre désir que je tiens à vous exposer, certaine que vous en comprendrez l'intérêt supérieur. Beaucoup de femmes statuaires signent de leur nom de famille sans le faire précéder de leur prénom, ou, si elles le font, elles se contentent d'une sim-

ple majuscule. Elles s'exposent ainsi à ce que la postérité, sur l'opinion de laquelle tout artiste de talent a le droit de compter, ne leur nie la maternité de l'œuvre.

Dans mes recherches, j'ai pu constater combien on est souvent volontairement partial ; je ne veux vous en donner comme preuve qu'un seul fait, mais celui-là très notoire.

« La Cathédrale de Strasbourg, cette merveille, renferme plusieurs œuvres sculpturales signées « Sabina ». Ces statues sont d'incontestables chefs-d'œuvre. La légende affirme que Sabina est une femme, qui ne serait autre qu'une fille de l'illustre architecte de cet édifice. Seulement... en haut lieu, c'est-à-dire à l'administration des Beaux-Arts strasbourgeoise, on prétend que ce ne peut être une femme, que l'interprétation est fausse. Pauvre Sabina ! Quelque soit le sexe de l'auteur, ce manque de certitude est fâcheux, le chef-d'œuvre étant incontesté. Nous femmes, continuons à croire à la soi-disant légende et glorifions-nous du talent de l'une des nôtres, qui a signé « Sabina ».

Aux divers chapitres de cet ouvrage j'en ai joint un pour les femmes professeurs. A mon grand regret le nombre en est restreint ; je fais des vœux pour que vous utilisiez plus vaillamment, Mesdames, cette carrière qui vous est ouverte.

Dès les premiers feuillets de ce volume j'ai tenu à donner la place d'honneur à ceux et à celles qui ont eu la généreuse pensée de fonder des Prix en faveur de votre Art, et j'ai voulu ainsi, Mesdames, être l'interprète de toute votre reconnaissance.

A toutes, en terminant, j'adresse les souhaits de succès que mon cœur forme.

Maria Lamers de Vits.

Paris, Janvier 1905.

DONS ET LEGS

concernant les Sculpteurs et Graveurs

Prix Vve BEULÉ (1,500 fr.).

Ce prix devra être donné au pensionnaire de la Villa Médicis à Rome, musicien, *sculpteur* ou peintre qui, étant à sa dernière année de séjour à la Villa, aura fait, cette année là, l'envoi de l'œuvre jugée la meilleure par l'Académie.

Prix Mme Jean REYNAUD

Ce Prix, de la valeur de *dix mille francs*, est destiné à fonder un prix annuel qui sera successivement décerné par chacune des Cinq Académies.

Conformément au vœu exprimé par la *donatrice* « ce prix sera accordé au travail « le plus méritant, relevant de chaque « classe de l'Institut, qui se sera produit « pendant une période de cinq ans. Il ira « toujours à une œuvre originale, élevée, « et ayant un caractère d'invention et de « nouveauté.

« Les membres de l'Institut ne seront « pas écartés du concours.

« Le prix sera toujours décerné intégra- « lement ».

L'Académie décernera ce prix en 1907.

Don Charlotte-Nathaniel de ROTSCHILD (5,000 francs).

Mme la baronne Nathaniel de Rotschild a légué à l'Académie des Beaux-Arts une rente de *cinq mille* francs « pour être attribué à un ou plusieurs artistes affligés de cécité, paralysie ou autre infirmité qui les empêche de vivre de leur talent ».

L'Académie attribuera, pour la première fois, en 1904, les arrérages disponibles de cette rente, selon les généreuses intentions de la testatrice.

Prix BELIN-DOLLET

M. Belin-Dollet a légué à la Société des Artistes français, soixante-quinze obligations des chemins de fer de l'Ouest ; le produit de ces obligations (environ mille francs) sera décerné annuellement au *graveur* qui aura envoyé au Salon la meilleure eau forte originale, représentant un sujet tiré de l'Ancien ou du Nouveau Testament ; la planche ne devra pas dépasser 40 centimètres de longueur sur 30 centimètres de largeur, mais elle pourra être inférieure à ces dimensions. Cette eau forte n'aura pas de marge, c'est-à-dire que les travaux de pointe devront aller jusqu'aux biseaux du cuivre ; il n'y aura pas de remarque.

Prix Jean-Jacques BERGER (15.000 fr.)

Ce prix de la valeur de *quinze mille francs*, doit être décerné par chacune des Académies *à l'œuvre la plus méritante concernant la Ville de Paris*. Il sera décerné, en 1905, par l'Académie des Beaux-

Arts, à une œuvre d'art relative à l'histoire de Paris, servant à la décoration de Paris ou intéressant la renommée artistique de Paris.

Les concurrents devront justifier de leur qualité de Français.

Fondation CAMBACÉRÈS

Ce prix, de la valeur de *trois mille francs* est partagé également entre les jeunes artistes qui ont remporté le premier second grand prix de peinture, le premier grand prix de *sculpture* et le premier second grand prix de *gravure*, soit en médailles, soit en taille-douce. Ce dernier prix n'appartiendra et ne sera remis à l'élève pensionnaire graveur qu'à son retour de Rome, et s'il a rempli les obligations réglementaires.

Prix DESPREZ

Ce prix annuel, de la valeur de *mille francs*, est décerné, chaque année, à une œuvre de *sculpture* choisie, par celles que les artistes eux-mêmes auront soumises à l'examen de l'Académie, par une déclaration déposée au secrétariat de l'Institut, un mois au moins avant l'époque fixée par le jugement, et indiquant, avec leur intention de participer au concours, l'ouvrage ou les ouvrages sur lesquelles ils fondent leur demande d'admission, l'Académie pouvant se réserver, d'ailleurs, le droit de décerner le prix même à un ouvrage qui n'aurait pas été indiqué d'avance.

Pour être admis à ce concours, il faut remplir les conditions suivantes :

1° Etre Français ;

2° N'avoir pas dépassé l'âge de trente-cinq ans ;

3° Etre l'auteur d'un ouvrage ou de plusieurs ouvrages ayant paru soit à Paris, soit sur tout autre point du territoire français dans le cours des deux dernières années.

Ce prix sera décerné en 1904.

Prix DOUBLEMARD

M. Doublemard, *sculpteur*, a légué à l'Académie des Beaux-Arts une somme de *soixante-trois mille cinq cents francs* « dont la rente sera donnée chaque année à l'Ecole des Beaux-Arts de Paris, où il charge l'Académie d'établir un concours, qui portera son nom, dans les mêmes conditions que celui institué par feu M. Lemaire, statuaire, membre de l'Institut. C'est-à-dire pour préparer les élèves *sculpteurs* au concours du Grand Prix de Rome (sculpture). Celui des concurrents qui sera proclamé le premier recevra les arrérages de la rente, sur le montant de laquelle une somme de cent francs sera prélevée en faveur de celui proclamé deuxième dans le même concours ».

Ce prix sera décerné, pour la première fois, en 1905.

Fondation DUBOSC

Par son testament olographe en date du 22 juillet 1856, M. Charles *Dubosc* a pris les dispositions suivantes :

« J'intitule pour légataire universel, en « toute propriété, l'Institut de France « (Académie des Beaux-Arts) pour dispo- « ser de ma succession de la manière sui- « vante : il sera fait emploi, en rentes sur « sur l'Etat, de tout ce qui compose ma suc-

« cession, et les arrérages de cette rente
« seront chaque année distribués par égales
« portions aux jeunes peintres et aux jeunes
« *sculpteurs*, reçus en loge pour le grand
« prix de Rome. Cette somme leur sera
« remise au moment de l'admission en
« loge ».

Cette somme est de neuf mille sept cents francs.

Prix ESTRADE-DELCROS (8.000 fr).

M. Estrade-Delcros, par son testament en date du 8 février 1876, a légué toute sa fortune à l'Institut. Le montant de ce legs devra être partagé par portions égales, entre les cinq classes de l'Institut, pour servir à décerner, tous les cinq ans, un prix sur le sujet que choisira chaque Académie.

Ce prix, de la valeur de *huit mille francs*, sera décerné par l'Académie des Beaux-Arts à une œuvre appartenant soit à l'un des arts du dessin (peinture, *sculpture*, architecture, gravure en taille-douce, *gravure en médailles*), soit à l'art de la composition musicale, qui aura été produite dans le cours des cinq dernières années et que l'Académie aura jugée particulièrement digne d'être signalée au public.

Le prix *Estrade-Delcros*, qui ne devra en aucun cas être partagé, ne sera attribué qu'à des artistes français n'appartenant pas à l'Académie des Beaux-Arts.

Le prix sera décerné en 1904.

Prix HOULLEVIGUE (5.000 fr.).

M. Houllevigue (Adrien-Stanislas) a, par testament en date du 30 mars 1880, légué à l'Institut de France un titre nominatif de *cinq mille francs* de rente 3 o/o, à l'effet de fonder un prix annuel de pareille somme « qui devra porter son nom, et qui sera décerné à tour de rôle par l'Académie des sciences et l'Académie des Beaux-Arts ».

L'Académie des Beaux-Arts, dans sa séance du 25 février 1883 a, en ce qui la concerne, arrêté le programme et les conditions du prix dans les termes suivants :

« 1° Ce prix de cinq mille francs, qui est biennal, ne pourra être partagé ;

« 2° Il ne pourra être décerné qu'à des artistes ou à des écrivains français n'appartenant pas à l'Institut ;

« 3° Il sera attribué par l'Académie des « Beaux-Arts, soit à l'auteur d'une œuvre « remarquable produite dans le cours des « quatre dernières années, en peinture, « SCULPTURE, architecture, gravure ou com- « position musicale, soit à un ouvrage sur « l'Art ou l'histoire de l'Art, avec ou sans « planches, publié dans le même délai ;

« 4° Une commission mixte, composée « de douze membres de l'Académie des « Beaux-Arts, soit deux pour chaque sec- « tion et deux membres libres, sera char- « gée de rechercher les œuvres qui pour- « ront être l'objet de ces propositions ».

Ce prix a été décerné, pour la première fois, en 1895, il sera de nouveau décerné en 1905.

Prix GEORGES LAMBERT

Ce prix, d'une valeur de *seize cents francs*, sera décerné en 1904 à des artistes où à des *veuves* d'artistes, comme marque publique d'estime.

Prix MAILLÉ-LATOUR-LANDRY

Ce prix d'une valeur de *douze cents francs*, fut institué par feu M. le comte de Maillé-Latour-Landry en faveur d'un artiste dont le talent déjà remarquable mérite d'être encouragé ; ce prix qui est biennal sera décerné en 1905.

Prix MAUBERT

Par son testament, en date du 11 juillet 1888, M. Maubert (Henri) a légué toute sa fortune à la commune de Vieil-Baugé Maine-et-Loire) à charge par elle de remettre :

1° Tous les cinq ans une somme de deux mille francs à l'élève « qui aura obtenu, après concours pour la peinture, le Prix de Rome ;

2° Tous les cinq ans, également, pareille somme pour la SCULPTURE « le Prix de Rome ».

Ces deux prix seront décernés en 1905, et, conformément à la décision prise par l'Académie le 7 avril 1894, ils seront attribués au lauréat du meilleur des concours de Rome qui auront eu lieu, soit pour la peinture, soit pour la SCULPTURE, dans la période quinquennale déterminée par le testateur, c'est-à-dire de l'année 1898 à l'année 1902 inclusivement.

Prix EUGÈNE PIOT

M. Eugène Piot, par testament du 18 novembre 1888, a légué à l'Académie des Beaux-Arts une rente annuelle de *deux mille francs* destinée à récompenser alternativement une production de peinture et de *sculpture* représentant un enfant nu de 8 à 15 mois. « J'ai toujours remarqué, dit le testateur, que la représentation de ces enfants avait surtout donné à l'école florentine une grande partie de ses délicatesses et qu'il était bon d'incliner nos artistes à représenter des enfants ».

L'Académie décernera, s'il y a lieu, en 1904, un prix à une production de *sculpture*.

Prix JULES ROBERT

M. Charles-Jules Robert, artiste graveur, a légué à la Société des Artistes français une somme de *cinq mille francs*, dont la rente servira à décerner un prix tous les deux ans.

Ce prix sera décerné à un jeune *graveur sur bois*, français, garçon ou *demoiselle*, de préférence à un sujet représentant une étude sérieuse de nu (gravure originale inédite, ou une reproduction d'après une peinture de maître) s'inspirant des primitifs de notre art pour la science des travaux. Ses épreuves devront être tirées très franchement sur Chine ou Japon fort, mais jamais sur papier transparent.

Ce prix sera donné par le Bureau du Conseil d'administration de la Société des Artistes français et le Jury de *Gravure* et Lithographie, sous forme de médaille d'or. Pourront y concourir tous les jeunes *graveurs sur bois* n'ayant pas atteint l'âge de 30 ans. Dans le cas où aucun candidat ne mériterait le prix l'année où il doit être décerné, les intérêts viendraient s'ajouter au capital.

Ce prix pourra être décerné en 1905.

GRANDS PRIX (dits Prix de Rome)

Peinture, *Sculpture*, Architecture, *Gravure*. Le sujet du concours annuel est donné par l'Académie.

DOSSIERS ARTISTIQUES

AGUTTES (Mme Georgette)

Nous a montré à un des derniers Salons une « *Fillette* », buste cire, qui avait bon air.

BAGG Mlle (Louise)

A exposé au Salon de 1902 un médaillon bronze qui nous a paru bien étudié.

BAILLEHACHE (Mme la vicomtesse de)

Expose à l'Union des Femmes Peintres et Sculpteurs. Sa spécialité est le portrait en bustes, médaillons et statuettes. A exécuté le buste du Vicomte de la Jaille de magistrale façon.

BEETZ (Mme Eliza)

A commencé par exécuter des objets d'une grande finesse et élégance, tels que peignes, bagues, etc. Elle a fait des étains, des ivoires. Elle expose au Salon des Beaux-Arts où elle obtient un joli succès avec des entrées de serrures, marteaux de portes qui sont encore de véritables bijoux ; mais le genre auquel elle se consacre de préférence maintenant est la forte sculpture, par laquelle elle sait donner à ses modèles l'expression et la vie en évitant de leur donner le fini, se rapprochant en cela de l'aïeul Carpeaux dont ses statuettes paraissent procéder.

Notons que c'est à Mlle Beetz qu'est due la très belle médaille commémorative des Boërs.

BERTAUX (Mme Léon)

Seule femme sculpteur H. C. Ce titre pourrait suffir pour faire son éloge mérité. Je vais donc vous donner simplement la nomenclature de ses récompenses et de ses œuvres qui dira, mieux que je ne saurais le faire, toute la valeur de cette grande artiste.

M. H. en 1863 ;
Médaille en 1864 ;
Médaille en 1867 ;
Médaille et Hors Concours en 1873 ;

Médaille d'or à l'Exposition universelle, 1889 ;

Médaille de 1re classe à l'Exposition des Arts décoratifs, 1877 ;

Officier d'Académie en 1881, pour services rendus aux Arts comme Professeur libre ;

Officier de l'Instruction Publique, au même titre, en janvier 1888.

Ses principales œuvres sont :

Salon 1857. — Bénitier monumental composé de 3 figures plus grandes que nature (plâtre).

Salon 1859. — Bronze du dit bénitier. Acquis par l'Etat.

Salon 1861. — Grand bas relief bronze (l'Hiver), fragment des quatre saisons, exécuté pour la décoration d'un palais.

Grand haut-relief (L'Assomption de la Vierge), plâtre.

Groupe monumental en bronze (Tronc), pendant du Bénitier de 1859. Acquis par l'Etat.

Salon 1865. — Grand groupe composé d'une nymphe entourée d'enfants.

Couronnement d'une fontaine monumentale pour la ville d'Amiens (don Herbet) plâtre.

Mention Honorable 1863.

« Assomption de la Vierge » grand haut-relief, bronze.

Acquis par l'Etat.

Salon 1864. — Statue d'un jeune Gaulois captif, plâtre, médaille, 1864.

Exposition pour la nouvelle façade des Tuileries d'un grand fronton sur le bord de l'eau « La Navigation ».

Ministère des Beaux-Arts.

Exposition dans les Champs-Elysées de l'ensemble de la fontaine d'Amiens, en bronze (Rocher et personnages formant un groupe de 7 mètres d'élévation).

Salon 1865. — « L'Amour dominateur » statue plâtre. Exécution, pour la nouvelle façade de l'Eglise Saint-Laurent, à Paris, de deux statues en pierre : saint Philippe et saint Mathieu.

Préfecture de la Seine.

Salon 1866. — « Les caresses fatales », statue plâtre.

Salon 1867. — « Jeune captif », statue marbre.

Acquis par l'Etat.

Portrait de Mlle Constant-Dufeu (Sèvres).

Médaille 1867.

Ces deux œuvres sont au Musée de Nantes. Elles ont figuré à l'Exposition Universelle de 1867.

Exp. Un. 1867. — Exécution du tympan de la porte principale de St-François-Xavier.

Préfecture de la Seine.

Salon 1872. — Exécution d'une statue monumentale en pierre « *La Sculpture* », façade du Musée de Grenoble.

Ministère des Beaux-Arts.

Salon 1873. — « Jeune fille au bain », statue, plâtre.

Médaille 1re classe. HORS CONCOURS.

Achetée par l'Etat.

Cet ensemble de médailles, comme on peut le constater, place dès lors Mme Léon Bertaux. HORS CONCOURS.

Salon 1874. — « *Portrait* », terre cuite.

Salon 1875. — « *Le Printemps* », buste marbre.

Acquis par le Musée de Châlons-sur-Saône.

Salon 1876. — « *Jeune fille au bain* », marbre.

Musée du Luxembourg jusqu'en 1890.

Cette même année, à l'Exposition des Arts décoratifs, Médaille de 1re classe.

Salon 1877. — « *L'ensevelissement du Christ* », grand haut-relief, marbre, pour l'église des Augustins, de Cambrai ».

« Buste en marbre de Dufau ».

Pour l'Institut des Sourds-muets.

Expos. Un. 1878 — « *Jeune fille au bain* », marbre.
Acquis par l'Etat.
« *Jeune captif* », en bronze.
Musée d'Autun.
Exécution d'un grand fronton en pierre, pour les Tuileries, cour du Carrousel, représentant la « *Législation* », et deux pendentifs : *Moïse et Charlemagne*.
Ministère des Beaux-Arts.

Salon 1880. — Statue en pierre du peintre *Chardin*.
Hôtel-de-Ville de Paris.

Salon 1881. — « *Sophie Arnould* », buste marbre pour l'Opéra.
Ministère des Beaux-Arts.
« *Louise Belloc* », buste marbre.

Salon 1882. — « *Baigneuse* », bronze.
Pour le Petit-Palais.

Salon 1883. — Fragment d'une œuvre en cours d'exécution.

Triennale 1883. — Fragment d'une œuvre en cours d'exécution.

Salon 1885. — « *François Boucher* », buste marbre pour l'Opéra.

Ministère des Beaux-Arts.

Salon 1889. — « *Psyché sous l'empire du mystère* », statue marbre acquise par l'Etat.

Se trouve au musée du Luxembourg.

« *Jeune fille au bain* », bronze, Petit Palais

Exposition Univ. 1900. — « *Psyché sous l'empire du mystère* », bronze. Petit Palais.

« *Vierge et l'enfant Jésus* », grand groupe, marbre, Cathédrale de Sens.

Mme Léon Bertaux est la première femme qui fut élue membre du Jury de Sculpture des Artistes Français, en 1897.

Très retirée, ne vivant que pour son art, cette incomparable travailleuse a su conquérir une place illustre parmi ses contemporains statuaires, hommes.

Le souvenir de ses luttes, de ses découragements, et les plaintes d'un grand nombre de jeunes femmes artistes lui inspirèrent l'idée généreuse, en 1881, de se consacrer pour elles à des créations d'œuvres de progrès et à des revendications artistiques ; c'est alors qu'elle fonda l'Union des Femmes Peintres et Sculpteurs ; aujourd'hui tout le monde connaît et estime cette association reconnue d'utilité publique et qui compte plus de 500 adhérentes. Ses expositions annuelles, en Février, toujours en progrès, démontrent que le groupement est favorable au développement des talents féminins.

Au Congrès officiel de 1889, elle formula e vœu acclamé, voté à l'unanimité, et transmis au ministre compétent : « *Que les femmes artistes fussent admises à l'Ecole des Beaux-Arts et aux Concours pour les prix de Rome* ».

Depuis, elle renouvela plusieurs fois ces revendications auprès du Ministre des Beaux-Arts et obtint enfin en 1891, la déclaration par le Conseil Supérieur des Beaux-Arts, « *que l'Etat ne peut refuser aux femmes l'instruction artistique qu'il accorde aux hommes.* »

Ici je m'arrête, que dirais-je de plus ? Si,

pourtant, une chose encore, savoir : que non seulement les femmes doivent être fières de Mme Léon Bertaux, mais encore que toutes les femmes artistes lui doivent une sympathique reconnaissance pour la solidarité dont cette grande âme a su donner des gages.

BERTRAND (Mlle Charlotte)

Sociétaire des Artistes Français aux Salons desquels elle expose régulièrement et où, à la grande surprise des vrais connaisseurs, elle n'a décroché encore aucune récompense, ayant au dernier Salon encore raté la *M. H.*, faute d'une voix. J'espère qu'un sort moins aveugle asura, à la plus prochaine Exposition d'Art, donner enfin satisfaction à cette vaillante et talentueuse artiste.

Nous avons d'elle :

1893. Médaillons ; — 1894 médaillons encore, puis *Mangitton*, buste; — 1895 « *Intermède* » (Singe), édité chez Cottin.— 1896 « *Le Chat et le Souriceau* » ; — 1898 médaillons ; — *Salière* (Serpent et œuf brisé) ; — 1899 « *Tête d'Hippopotame* », édité chez

Goldscheider et « *Souris à la noix* » édité chez Gouge. — 1900 « *Lion attaquant un jeune éléphant* » ; — 1901 « *Câlinerie* » (panthères) ; — 1902 « *Antilope attaquée par une panthère* ; — 1903 « *Lionne au serpent* » et « *Lionne à la source* », édité chez Cottin ; — 1904 « *Chevaux de relais* ». Cette œuvre que nous avons admirée, renferme en dehors du talent d'exécution, toute une pensée philosophique. Les deux vieux compagnons qui attendent le passage du lourd véhicule, qu'ils doivent traîner encore, semblent s'entretenir avec mélancolie, de lointains souvenirs et de gras pâturages.

Mlle Bertrand a quantité d'autres œuvres éditées, entre autres chez Leverrier, orfèvre, « *une broche* ».

Elle est professeur et a chez elle un cours de modelage et de dessin.

BISSON (Mme Juliette).

A l'Exposition Universelle a obtenu en 1900 une M. H., et a été gratifiée d'un achat par l'Etat.

BIZARD (Mlle Suzanne)

A exposé au Salon des Artistes Français, pour ses débuts, en 1893, deux bustes ; l'année suivante celui très ressemblant de M. de Saint-Mesmin, du *Figaro*.

En 1898, elle envoie à la section des Arts décoratifs un vase bronze, qu'elle intitule heureusement « *Illusion* ».

En 1900, l'Etat se rend acquéreur de son œuvre « *Vers l'Idéal* », statue qui obtient une Mention Honorable.

Son groupe « *L'Honneur et l'Argent* » donnera aux collectionneurs de cartes postales la reproduction d'une jolie œuvre d'Art.

BLANCHON (Mlle Marguerite)

Sociétaire des Artistes Français a obtenu une *Mention honorable* en 1897, et au dernier Salon elle nous a présenté « Le premier miroir », œuvre très réussie.

BLOCH (Mme Elisa)

Est sociétaire des Artistes Français, elle a obtenu au Salon de 1894 une M.H. Elle a produit beaucoup de belles et bonnes choses; je regrette infiniment qu'un deuil cruel et récent l'ait empêchée, en temps utile, de m'envoyer les détails que j'aurais été heureuse de donner pour la sincérité du livre que j'écris.

Ma mémoire me sert pour faire l'éloge du buste très remarqué au Salon 1904. J'espère pour l'Art que ce ne sera pas la dernière œuvre que nous serons à même d'admirer de cette artiste.

BOERO (Mme Nilda)

Nous a donné au Salon de 1904 une statuette marbre « Versailles ».

Elle est l'élève de son père, le fini de son travail ne nous surprend donc pas; elle tient de race.

BORGEAUD-STIENZ (Mme Jeanne)

Expose au Salon de la Société des Artistes Français où elle a obtenu une mention honorable en 1899, section de gravure en médailles.

Cette artiste de talent a plusieurs de ses œuvres acquises par des éditeurs, une entr'autres, « *Méditation* », par la Monnaie de Paris.

BRICARD (Mlle Gertrude)

A obtenu en toute justice une M. H. en 1904 avec une étude : « *Source* ».

Je crois ne pas me tromper en disant que cette artiste est une nouvelle venue. Nous lui souhaitons longue et fructueuse carrière.

BRIDES (Mme Jeanne)

A exposé au Salon de 1904 un médaillon en terre cuite qui nous a paru ressemblant.

BUFFON (Mme Nadille DE)

Sociétaire des Artistes Français, se spécialise dans le genre portrait, buste. Chaque année elle nous en fait admirer, ce qui est une preuve que beaucoup de personnes tiennent à honneur de posséder une œuvre signée par elle.

CASINI (Mlle *Amélie*)

Professeur émérite a obtenu une M. H. en 1887 et en 1889, à l'E. U., une autre M. H. avec la même œuvre, « *La Prière* » ; — Une médaille d'or à l'Exposition de la ville deParis, en 1898, avec « *La Fontaine* » statue plâtre ; — Une médaille d'argent du ministre des Beaux-Arts au concours régional de Brest, en 1890, avec « *C'est trop chaud* », jeune mère donnant la bouillie à son bébé. Un bronze « *Il ne fait plus clair* », vieille femme enfilant son aiguille et pour laquelle, hélas ! il ne fait plus clair.

Au Salon de 1900, elle eut un grand succês avec « *Le Lasso* ». D'elle aussi : « *Le bonnet du petit frère* », plâtre. En 1892, elle nous montre un « *buste de Mlle Lucie Lorian* », fille du ministre roumain bien connu. Puis *un buste en marbre de Monsieur Carnot-Pauchet*. A exposé aux Femmes Artistes une série de masques d'une saisissante originalité.

Mlle Casini a obtenu des médailles aux expositions de : Rennes, St-Brieuc, Paramé, Perpignan, Brest.

CAZIN (Mme Marie)

S'est vu décerner par la Société des Artistes Français une M. H. en 1885 et encore une M. H. en 1886; a obtenu une médaille de bronze à l'E. U de 1889 et une médaille d'argent à l'E. U de 1900.

Expose régulièrement à la Société Nationale des Beaux-Arts, où elle nous a fait admirer au Salon de 1904 le beau buste de M. C. Cazin, son mari, l'un des fondateurs de cette Société. Mme Cazin fait des envois aux expositions de Belgique, de Russie, de Chicago. Elle a les honneurs du Luxembourg où se trouvent deux de ses œuvres: un buste bronze « *David* », acquis en 1890, et un groupe bronze « *Les Orphelins* », acquis en 1900. Le musée de Rennes possède de cette artiste « *Les évangélistes* », achetés par l'Etat. — Madame Cazin a exécuté un beau monument funéraire qu'elle intitule « *Souvenir* ». Et de fait, son personnage, femme à l'attitude pensive et mélancolique, semble plutôt revivre en un triste passé, qu'être accablée par ce morne désespoir que l'on a coutume de nous montrer en pareille occurrence ; cela est d'une douce poésie et d'une très artistique exécution.

A Berck-Plage se trouve, suivant moi, l'œuvre maîtresse de cette artiste ; un monument grandiose, élevé à la mémoire des deux fondateurs et bienfaiteurs de l'hôpital des petits tuberculeux : les *docteurs Cazin et Pérochaud*. Cette œuvre de grande allure a été placée à la surprise de chacun près du Casino, alors que son cadre naturel eût été en face de l'hôpital.

CHARDONNET (Mlle DE)

Sociétaire de l'Union des Femmes Peintres et Sculpteurs, également sociétaire des Artistes Français. Cette artiste fait surtout des bustes ; ils sont fouillés, bien étudiés et nous sommes persuadée qu'ils satisfont pleinement les modèles, qui sont généralement indiqués par des initiales vagues.

A cette travailleuse nous souhaitons succès.

CHOLET (Christine-Clotilde, comtesse DE)

Artiste trop modeste, que pourtant les lauriers guettent. Le « *Chien* », du Salon de 1902, était bien vivant, et son buste cire « *Enfant* » fut justement remarqué au Salon de 1904.

Nous l'attendons avec confiance produire d'autres œuvres.

COLEBROOKE (Mme Alexandra)

Nous a donné une statue plâtre intitulée « *Chagrin* », où l'artiste avait mis toute son âme de sensitive.

COLOMBIER (Mlle Amélie)

Membre de l'Union des Femmes Peintres et Sculpteurs ainsi que de la Société des Artistes Français. Pour son œuvre d'*essai* fit une œuvre de *maître :* « *Carmencita* », dont la maquette orne le Foyer du Théâtre municipal de la Gaîté. Cette statue marbre fut achetée par un amateur américain dès l'ouverture du Salon, et Goldchscheider en édita la réduction. Sèvres, à son tour, vient de reproduire cette petite merveille, en biscuit. Cette œuvre a été, pour son auteur, un véritable succès artistique ; la photographie ainsi que la carte postale s'en sont emparées.

Mlle Amélie Colombier a exécuté le buste du Général Pittié pour le musée de Nevers, lieu de naissance du général ; et la Comédie-Française possède d'elle le buste d'*Arsène Houssaye*, qui fut, comme on sait, directeur de la Maison de Molière.

Quantité de personnages connus dans le journalisme et la politique lui devront de passer à la postérité.

CONKLING (Mme Mabel)

Américaine ayant terminé son éducation artistique à Paris, a exposé une statuette au Champ de Mars en 1898, et un buste au Salon des Champs-Elysées en 1904, avait fait l'envoi d'une statue « *Echo* », à l'Exp. Un. de 1900. Mme Mabel Conkling possède en ce moment, à l'Exp. de St-Louis : une statue « *L'Amour* » ; une statuette « *Baigneuse* », une « *Coupe* » et deux petits

« *Portraits d'enfants* ». Au moment de mettre sous presse, nous ignorons encore si elle a obtenu quelque récompense ; nous l'espérons avec d'autant plus d'assurance qu'il nous faut reconnaître le pas qu'a sur nous l'Amérique dans la voie du : à travail égal, récompense égale.

COOPER (Mlle Flora-Ellen-Douglas)

Fille de l'ingénieur John Douglas Cooper connu pour ses importants travaux en Angleterre et en Irlande. Elle a étudié son art à Londres et à Paris où elle exposa à notre Salon des Beaux-Arts. Elle nous a donné en 1904 « *Jeune homme attrapant une grenouille* », de grandeur demi-nature, fort bien exécuté. Mlle Douglas Cooper a obtenu trois médailles aux expositions d'Art du «*Royal Cormvall Polytechnic Society* », a su montrer que les femmes peuvent exécuter des œuvres exigeant de la vigueur. Ses huit panneaux sculptés destinés à l'Hôtel Windsor Victoria, Saint-Westminster, ainsi que sa porte monumentale à l'entrée du cimetière de Blatreriez Gloucestershire en sont une manifestation. Un de ses plus récents succès fut le buste de M. Christopherson, chanoine de la Cathédrale de Iruro ; cette œuvre a valu à l'artiste la visite dans son atelier de plus de deux cents personnes, unanimes dans leurs louanges.

COUTAN-MONTORGUEIL (Mme)

Artiste de race s'il en fût, a suivi la voie vers le Beau que lui a si magnifiquement indiquée M. Martin Coutan, son père.

Fait partie de l'Union des Femmes Peintres et Sculpteurs, ainsi que de la Société des Artistes Français, à l'exposition de laquelle elle a obtenu en 1894 une M. H.

Mme Coutan-Montorgueil possède une liste d'œuvres fort longue déjà, et l'Etat à lui seul, est possesseur de deux bustes et d'une statue :

— Le buste de « *Le Verrier* » astronome, Propriété de l'Institut ;

— Le buste de « *Vivien* » membre de l'Institut, également Propriété de l'Institut.

— *Sirius*, statue marbre, figure debout, a été commandée par l'Etat pour le Palais de Mustapha, résidence du Gouverneur d'Algérie.

— L'Opéra est favorisé de deux bustes qui ornent le Foyer :

— « *La Taglione* », danseuse, et

— « *La Maillard* », artiste célèbre au XVIIIe siècle.

Le musée de Douai possède le modèle plâtre de la « *Source* », dont le marbre est au Musée de Bourges après avoir orné l'Elysée pendant l'Exposition de 1900.

Au Petit Palais, musée de la Ville de Paris, Mme Coutan-Montorgueil figure égament pour un buste marbre de réelle valeur.

La Manufacture de Sèvres possède la réduction de « *La Fortune* », statue marbre, dont l'original orne la mairie de Choisy-le-Roi.

Cette artiste a encore à son actif toute une théorie de bustes dont, pour mémoire, nous citerons quelques-uns : *Jules Jouy*, chansonnier ; — *E. Ledrain*, professeur au Louvre ; — « *Général Boulanger*, buste exécuté en 1888 » ; — « *Mlle Renée Richard* », de l'Opéra ; — *Séverine-Juliette Dodu* ; — Georges *Maldague* ; — *Chautemps*, ministre des Colonies ; — *Blondel*, conseiller municipal ; — *Jean Desbrosses*, peintre ; — *Eugène Baillet*, littérateur ; — *Comtesse de Vogüé* ; — *Comtesse de Choiseul* ; — *Couffier*, etc., etc.

Mais là ne se termine pas la nomenclature des œuvres remarquables que nous devons à Mme Coutan-Montorgueil ; c'est le talent de cette artiste qui perpétuera pour les âges futurs le souvenir de l'héroïque maréchal des logis GUINDEY, qui tua, le 10 octobre 1806, le Prince Louis de Prusse.

Plus reposante comme pensée philosophique est la statue du « TRAVAIL », dont s'est enrichie, grâce à elle, la petite place formant l'angle de la rue Oberkampf et de la rue Gaudelet.

Le maître de la caricature, le bon dessinateur *André Gill*, est à nos yeux réapparu, grâce au talent évocatoire de Mme Coutan-Montorgueil, dont le monument fut inauguré au Père-Lachaise le 19 octobre 1885.

Le 5 avril 1903, au cimetière Montparnasse fut inauguré, sous la présidence de M. d'Ardenne de Tizac, un autre monument funéraire dû au même ciseau. Là l'artiste avait mis à la disposition de son talent toute l'inspiration de son cœur. L'âme exquise du doux poète *Hégésippe Moreau*, de l'Etre idéal qui portait en lui le Rêve et se heurta sans faiblir à la dure Réalité, fut comprise et rendue de façon saisissante par l'artiste.

CRANNEY-FRANCESCHI
(Mme Marie-Jeanne)

Sociétaire aux Artistes Français, est élève de son père, aussi parmi les œuvres qu'elle a produites, son dernier envoi au Salon a particulièrement charmé ; il est vrai que le modèle du Buste marbre prêtait bien à faire ressortir le talent de l'auteur, Mlle Leconte de la Comédie Française étant une des plus sympathiques pensionnaires de notre première scène. Mme Cranney a obtenu une M. H. en 1889.

CURTOIS (Mme Ella)

Envoie ses œuvres au Salon où, en 1896, elle a obtenu une M. H. pour son marbre « *Enfant jouant aux billes* ». Anglaise habitant Paris, Mme Curtois expose également à Londres.

La première œuvre qu'elle nous ait donné d'apprécier fut :

« *La Prière* », statue plâtre, exposée au Salon des Artistes Français en 1885 ;

Puis quelques années après une étude pour le

« *Juif Errant* », plâtre bronzé.

Le grand intérêt de son œuvre repose surtout, suivant nous, sur les artistiques statuettes et bas-reliefs en bois, genre dans lequel elle excelle.

La cathédrale de Lincoln s'est enrichie de statuettes pour les stalles du Chœur, dues au ciseau de cette artiste.

DESCAT (Mme Henriette)

Sociétaire des Artistes Français, expose assez régulièrement au Salon.

A obtenu une M. H. en 1883
une M. H. en 1885
et enfin, une M. H. en 1889, à l'Exposition Universelle.

Elle nous a donné à un des derniers Salons, une « *Résurrection de Lazare* », ma foi bien rendue.

Et à celui de 1904, un groupe représentant

« *Femme et Enfants Kabyles* »,

Qui me fait supposer que l'artiste a traversé la Méditerranée pour, sur les lieux mêmes, étudier ses modèles. Ils étaient fort nature.

DEMAGNEZ (Mlle Marie)

Sociétaire des Artistes Français, a obtenu

Une M. H. en 1897.

Et une Méd. bronze à l'Exposition Universelle de 1900.

Elle continue à envoyer assez régulièrement au Salon des œuvres appréciées.

DIÉTERLE (Mlle Yvonne)

Mention Honorable en 1900.

Cette artiste est née à Paris nous rapporte son état civil; son prénom est bien breton pourtant. Quoi qu'il en soit, elle doit aimer et la mer et ses marins pour avoir rendu avec un talent si étudié, ce bas-relief du dernier Salon qui nous a donné la sensation d'assister à un vrai départ pour la pêche.

DOWNING (Mlle)

Expose à l'Académie à Londres et aussi à Liverpool.

Elle nous a permis d'apprécier son talent au Salon de 1904 par son envoi d'un buste de bronze, dont le personnage

« *Une Jeune Fille* », tient un livre d'hymnes, qu'elle paraît chanter bas, comme pour elle-même et Dieu qui seul l'entend.

Il y a là une pensée de pieuse poésie parfaitement rendue par Mlle Downing.

Cette artiste a exécuté de grands bas-reliefs dont un sujet religieux, absolument remarquable, tant par son exécution que par ses personnages qui, au nombre de 37, adorent une Vision du Christ.

Puis un autre panneau décoratif représentant l'homme des premiers âges entouré de sa famille et d'animaux des temps primitifs.

Mlle Downing s'est vu décerner une Médaille de bronze à Tarbes en 1900.

DUCOUDRAY (Mlle M.)

A obtenu une M. H. en 1898
et une autre M. H. en 1900 à l'Exp. Univ.

Elle est Sociétaire des Artistes Français et nous avons souvent l'occasion d'admirer ses envois aux Salons.

DUCROT-ICARD (Mme Francine)

A obtenu une M. H. en 1894,

Egalement une Médaille 3e classe en 1894.

En 1900 E. U. une M. H.

L'œuvre qu'elle nous a donnée au dernier Salon était belle ; beaucoup d'admirateurs de son talent avaient espéré après le passage du Jury voir attachée à son œuvre la pancarte fascinante : « 2e Médaille ». Ces Messieurs ne l'ont point fait. Nous faisons des vœux pour que ce ne soit que partie remise et que la prochaine œuvre l'obtienne. Si l'artiste y consacre la plénitude de son talent, ce désir ne saurait manquer de devenir réalité.

Tous mes vœux accompagnent Mme Ducrot-Icard.

DRY DE SENNECY (Mme Fanny)

Est née à Londres de parents français, aussi est-elle sociétaire des Artistes Français.

En 1902, son médaillon argent « MARIK » a eu l'approbation des amateurs.

FIZELIÈRE-RITTI (Mme Marthe DE LA)

Fille de Critique d'Art, elle choisit un journaliste pour son œuvre de début en 1890 ; elle continue à nous montrer avec des progrès marquants en 1891-92-93, des bustes parmi lesquels il faut citer celui de sa mère, Mme de la Fizelière, en 1893.

Même année à l'Exposition des écrivains français, le buste de son père.

Les médaillons de MM. *Jules Lacroix*, traducteur de Sophocle et *Paul Lacroix*, bibliophile Jacob.

En 1895, sans délaisser les portraits, car elle nous donne le sien, elle y joint une œuvre très remarquable

« *La Sachette* » (Notre-Dame de Paris. Victor Hugo),

dont l'artiste a su rendre l'effrayante apparition évoquée par l'auteur ; cette œuvre a été acquise en 1903 par le Conseil Municipal pour le Musée du Poète.

Le sujet idéal de beaucoup de statuaires, le Penseur, a été par elle rendu avec un rare bonheur. En 1897, la ville de Cognac voulant rendre hommage à l'un de ses enfants : Calabris, en a confié l'exécution à Mme de la Fizelière-Ritti.

En 1898, elle aborde le nu et, dans un sujet mystique sait rendre, non seulement le mouvement extatique, mais nous montre toute la science de l'anatomie.

Tentée à nouveau par les personnages du grand Poète, elle nous donne en 1902

« COSETTE », statue plâtre, qui a quitté le Salon pour le Musée de Besançon.

Et cependant, avec un semblable bagage artistique, je constate avec surprise que Mme de la Fizelière-Ritti n'a pas encore obtenu de Mention aux Artistes Français.

Le Jury de la Société artistique de Charenton a su faire preuve d'impartialité, en décernant à une femme de talent pour l'œuvre de 1903 une 1re Médaille Hors Concours.

Dans ces dernières années les Expositions de Rouen, Monaco, Blois, St-Mandé, etc., ont été favorisées de ses envois.

Les éditeurs, écho intéressé du public, ont su reconnaître le talent, la valeur de cette artiste en acquérant ses œuvres, savoir :

« *Fabiola* », plaquette d'après le tableau d'Henner, éditée en bronze par la maison Pinedo.

« *Roméo* », fantaisie en bronze, éditée par Tiffany, orfèvre.

« *Méphisto* », fantaisie en bronze, éditée chez Pinedo.

FORSELLES (Mlle Sigrid DE)

Associée à la Société Nationale des Beaux-Arts, a exposé une série de cinq grands reliefs représentant, suivant son idéal :

« *La délivrance de l'esprit humain* ». Ses sujets, tirés de la Bible et de la Religion Chrétienne, comportent de nombreux personnages.

FRANÇA (Mlle Juliette DE)

Par sa présence à Paris, nous donne occasion d'adresser à l'Ecole Nationale des Beaux-Arts de Rio de Janeiro, le salut fraternel des statuaires françaises et leurs remerciements pour la bonne pensée que cette Ecole a eue de nous envoyer à Paris l'élite de leurs jeunes talents, comme nous, nous envoyons les nôtres à Rome.

Mlle Juliette de França, ayant obtenu le GRAND PRIX de l'Ecole de Rio, a droit à cinq ans de Paris, et nous espérons bien que le verdict des Jurys devant lesquels elle se présentera l'encouragera à nous faire ultérieurement des envois.

Connaissant à fond son anatomie, Mlle de França produit des œuvres consciencieusement travaillées, et son :

« Rêve de l'Enfant Prodigue », exposé en 1904 à la Société Nationale, donne non seulement la mesure du réel talent, mais encore exprime par l'attitude du jeune dormeur toute la désillusion dont son âme est pleine, et le réconfort que sera pour lui, la présence du vieux père dont l'artiste évoque le visage près de celui de l'adolescent.

Mlle de França est l'auteur du monument destiné à être élevé au Brésil à la mémoire du promoteur de la République Brésilienne. Ce monument, hommage de reconnaissance patriotique sera érigé par souscription populaire et l'artiste lors de l'inauguration remportera sûrement un véritable succès personnel par la magistrale manière dont elle a traité et le personnage principal, dont le buste surmonte une colonne, et les personnages allégoriques qui l'entourent.

FRUMERIE (Mme Agnès DE)

Expose à l'Union des Femmes Peintres et Sculpteurs et à la Société Nationale des Beaux-Arts.

Elle a remporté le 1er PRIX DE SCULPTURE en 1901 à l'Union des Femmes et a envoyé à la Société Nationale, en 1904, un fort beau groupe bronze :

« POÉSIE ET MUSIQUE » ;

Puis une vitrine contenant les cinq statuettes suivantes :

« *Chagrin* » statuette bronze ;

« *Et! Alors ?* », céramique de Lachenal ;

« *Contes de fées* » plâtre ;

« *Pensive* », céramique de Lachenal, et

« *Le Sommeil* », également en céramique.

La même année à l'Union des Femmes elle nous a montré :

« *Pauvre Maman* », groupe plâtre, et

« *Sur la Plage* », groupe plâtre.

L'abondante productien de cette artiste ne nuit en rien au fini de son travail, qui est d'une exécution consciencieuse et où l'âme féminine est fière de se sentir affirmer.

FULPIUS (Mlle Elisabeth)

A obtenu au Salon de 1902, section des médailles, une M. H., pour une série de trois portraits et un intérieur d'académie d'une vie intense.

Le Musée de Genève possède d'elle un buste d'*Eugénie de Restzoff* qui avait figuré à l'Exposition de cette ville, en 1903.

Elle se spécialise avec tendresse et talent dans la reproduction des traits enfantins.

« *Tout Petit* », l'une de ses œuvres de 1904, nous convie à l'engager de continuer ce genre. L'âme de l'artiste s'y révèle.

Elle a raison de se donner au professorat car elle doit faire d'excellents élèves.

GABRIELLE-DUMONTET (Mme Laval)

Sociétaire des Artistes Français, auquel Salon elle a obtenu en 1892 une M. H. pour « La Petite Fadette ».

En 1900, à l'Exposition Universelle avec son buste « Germinal » une M. H.

A l'Exposition des Arts de la Femme au Palais de Cristal à Londres en 1900 (Woman's Exhibition),

Une Médaille d'or pour « Le soir du haleur », plâtre.

Au Salon de 1900

« *La Force enchaînée* », grand marbre que l'on peut admirer au Musée de la Ville de Bordeaux.

De cette artiste, à bord du Cuirassé Amiral, *Le Brennus*, un grand haut-relief en bronze de 4 mètres de hauteur.

« *Væ Victis* », inauguré le 31 août 1895, après son enlèvement du Salon de la même année, où il avait valu à l'auteur les chaleureux compliments du Président de la République, Félix Faure. Cette cérémonie a donné lieu à une fête qui fera époque dans les annales de la Ville de Brest.

L'œuvre puissante de Mme Gabrielle-Dumontet est appelée à faire apprécier l'Art français partout où les destins pourraient conduire notre flotte.

L'Evocation dans cette œuvre, « *Væ Victis* », de la forte race Gauloise due au ciseau d'une femme nous réconforte.

Comme nous réconforte également la fermeté avec laquelle Mme Dumontet-Laval a, l'an passé, revendiqué ses droits, qui ce semble, étaient bien les droits de toute femme artiste. L'ostracisme dont elle était victime paraissant la frapper parce que : femme.

En quelques mots voici les faits : Ayant exposé en 1903, une statuette, « *Le Lierre* », Mme Gabrielle-Dumontet présentait en 1904, sous le même titre, une œuvre absolument différente, non seulement dans ses proportions, mais encore dans le mouvement général de la femme qui forme le sujet de la composition, dans la disposition de la colonne à laquelle elle s'appuie et dans l'ornement de cette colonne. S'armant à tort de l'article 3 du règlement, le jury refusa son œuvre. J'ai dit à tort, l'article étant ainsi conçu :

« Ne pourront être présentées.... les « sculptures en terre cuite et les réductions « d'ouvrages de sculpture déjà exposés en « même matière, ainsi que les plâtres dont « le bronze ou le marbre auront déjà été « exposés. »

L'envoi de Mme Gabrielle-Dumontet ne tombait dans aucun des cas prévus ci-dessus.

Ce n'était pas une *réduction,* puisqu'au contraire c'était un agrandissement. Ce n'était pas un plâtre « dont le bronze ou le plâtre aurait été exposé », puisque d'une toute autre interprétation de sujet.

C'est donc à tort que le Jury avait refusé, et à tort aussi, qu'il avait accepté la *réduction* d'une autre œuvre de valeur, mais, cette fois, envoi d'un statuaire et non d'une femme.

Mme Gabrielle-Dumontet fit constater le fait par huissier, ce qui valut un changement au règlement, et dorénavant nous souhaitons que les Jurys à venir se souviennent en toute équité que le mot Art n'a pas de sexe et que le mot artiste est un substantif des deux genres.

GAILLARD (Mlle Maria)

N'ayant encore exposé qu'en province a néanmoins à son actif : une première M. H. remportée à l'Exposition de l'Ecole des Beaux-Arts de Rouen en 1891 ; puis en 1893, une Médaille d'Argent décernée par la même Société.

En 1894, Mlle Gaillard remporta le prix offert par le ministre des Beaux-Arts. Aussi est-ce avec regret que nous avons appris que cette artiste avait, depuis cette époque, pour des raisons indépendantes de sa volonté, abandonné son art, auquel toute heureuse elle se redonne depuis peu, et nous révèle une nature telle, que nous l'attendons avec assurance au Salon prochain.

GALLAUD (Mlle)

Sociétaire de l'Union des Femmes et aussi des Artistes Français.

A exposé aux Artistes Français, en 1902, « *Une Orpheline à Pont-l'Abbé* », et en 1904 « *Vieillesse qui souffre* ».

Puis à l'Union des Femmes, même année entre autres œuvres :

« *Deuil Breton* » qui a été fort admiré.

GENNADIOS (Mlle Cléonice)

Fille de la Grèce Immortelle, artiste née, sait rendre en son art de statuaire les beautés de la ligne dans toute sa pureté ; puis s'élevant au niveau des plus grands, elle sait donner de la souplesse aux bustes et statues qui sortent de ses mains.

Elle joint à ses hautes qualités d'artiste les qualités du cœur qui nous touchent tout particulièrement, puisqu'elles l'ont faite se souvenir d'une personnalité française que nous laissions dormir dans l'oubli. Je veux parler du *général philhellène Fabvier*, qui après avoir suivi les dures campagnes de Napoléon mit son épée au service de la Liberté grecque, et pour elle, combattit les Musulmans.

Patriote autant qu'artiste, Mlle Cléonice Gennadios eut un bel élan de reconnaissance, auquel nous devons de compter une œuvre artistique de plus.

Le Jury des Artistes Français lui a décerné en 1891 la M. H. pour son buste du *Général Fabvier*, lequel a été acquis par le Cabinet Hellénique pour la Chambre des députés d'Athènes.

Désireuse d'immortaliser les traits des amis de sa patrie, Mlle Gennadios a fait également le buste, fort admiré, du philhellène *Georges Canning*, auquel elle a donné une âme. Une reproduction de ce buste est actuellement à Londres au Foreign Office, placé là par Gladstone.

Nous espérons voir à l'un de nos prochains Salons, la statue que Mlle Gennadios a commencé de son père, le vaillant compagnon d'armes du Général Fabvier, l'éloquent orateur de la nation grecque, *Georges Gennadios*.

Le médaillon que Mlle Gennadios a fait de *M. Delyannis,* nous montre le talent de cette artiste dans toutes ses qualités d'exactitude.

GIRARDET (Mme Berthe)

Artiste de valeur incontestée et consacrée du reste par la MÉDAILLE D'OR qui lui a été décernée à l'Exposition Universelle de 1900.

Mme Girardet était déjà titulaire de douze médailles obtenues, tant en Province qu'à l'Etranger, et d'une M. H. obtenue au Salon des Artistes Français.

Chacune de ses œuvres serait à signaler, nous ne parlerons que de quelques-unes dont le mérite transcendant impose l'énoncé :

« *L'Enfant malade* », groupe marbre d'une émouvante réalité, acheté par la Ville de Paris et placé par elle au Petit Palais.

« *La Bénédiction de l'aïeule* », acquis par l'Etat, actuellement à la manufacture de Sèvres où le modèle se fait en grès, grandeur d'exécution nature. L'œuvre est exposée au musée de Sèvres.

« *La Vielle* », buste bronze appartenant à la Confédération suisse, est placé au musée de Neufchâtel (Suisse).

« *La Tourmente* », groupe plâtre acheté par le département de la Seine.

Cette œuvre, par laquelle nous clorons nos citations, est d'une réalité angoissante. « De la grève, deux femmes et un enfant

« contemplent impuissants la fureur de la « vague et leur œil, leur geste, leur corps « tout entier crie l'effroi que met en leur « cœur la grande mangeuse d'hommes ».

GOUPY (Mme Vve)

S'adonnant avec un rare succès à l'exécution de fort belles couronnes en terre cuite; elle sait donner une âme aux fleurs dont elle les orne et, certes, ce n'est pas à ses œuvres, quoique funéraires, que l'on pourra faire le reproche de froide sculpture. Son cœur ayant beaucoup souffert par les deuils, elle leur doit ses impressions d'artiste.

Quantité de ses créations ornent nos cimetières, entre autres, ceux de : Beaugency, Soissons, Vichy, etc., sont fleuris artistiquement par ses belles couronnes.

Mme Goupy a fait quelques bustes très ressemblants, aussi un vase ornementé de fleurs, très réussi.

Elle donne des leçons particulières et arrive à faire faire à ses élèves des fleurs.

qui semblent vivantes malgré le grisaille de l'argile.

GRANGER (Mademoiselle Geneviève).

Née à Tulle d'une famille périgourdine, est Membre de la Société des Artistes Français.

A obtenu une M. H. en 1899.

En 1901 une MÉDAILLE DE 3e CLASSE dans la section de gravure et médailles. Est une des rares femmes, et si je ne me trompe, la seule femme qui ait l'honneur du Luxembourg section des médailles, où on peut admirer d'elle :

— Portrait de ma mère, plaquette étain,

— Portrait de l'auteur, plaquette argent,

— Portrait de mon père,

— Portrait de petite fille,

— Portrait de Mme Waltz, plaquette argent,

— Portrait de Mlle Waltz, bijou argent,

— Portrait de Miss Mabel Masson, plaquette argent,

— *La Paix*, médaille bronze,
— *Océan*, plaquette argent.

Ce sont les cinq derniers qui ont obtenu en 1901 la Médaille de 3e classe.

Au Salon de 1904 Mlle Granger a exposé: *« Un médaillon de l'Empereur d'Allemagne »*, réduction d'un bas-relief exécuté sur la demande de ce souverain pour un lycée de Jeunes Filles, Guillaume II ayant conservé pour sa galerie personnelle la réduction qui a été exposée.

Mademoiselle Granger fait souvent des envois en province, notamment aux Salons de Bordeaux, Périgneux, Versailles.

Elle trouve néanmoins le temps de former d'excellentes élèves.

Nous souhaitons à cette artiste très prochainement une médaille de 2e classe.

GRUGER-CAILLEAUX (Mme Marie)

Sociétaire de l'Union des Femmes Artistes et de la Société des Artistes Français à l'Exposition desquelles elle a obtenu une M. H. en 1898, avec :

« *Adieu* », grande figure d'une infinie mélancolie, cette œuvre a figuré à l'Exp. Univ. de 1900 au Palais des Beaux-Arts.

Mme Gruger-Cailleaux a obtenu en 1899 une 2e médaille à l'Exposition de Paris-Province avec :

« *Selika* », buste métalisé.

Cette artiste a quantité d'œuvre à l'édition :

— *Flèche d'eau*, vase, chez Golscheider,

— *Griselidis*, buste, chez Muller,

— *En prière*, buste, par l'établissement de céramique de Charenton, qui lui édite également :

— *Rires et Grimaces*, et encore,

— *La Sculpture*, 1/2 nature, dont le modèle est d'une perfection merveilleuse.

Le Figaro-Salon, de 1901, a reproduit :

« *Après le Meurtre* » et

« *L'Histoire attend* », ainsi que :

« *Fiorillo* », œuvre exposée au Salon de 1902 et éditée en photographie.

La Société Industrielle a acquis en 1903 le droit de donner en carte postale « *La Sculpture* », citée plus haut.

L'Union des Femmes artistes, au milieu de tant d'œuvres parmi lesquelles elle n'avait qu'à faire choix pour sa tombola, a acquis de cette artiste « *Au loin* ».

Mme Gruger-Cailleaux ne peut, avec un pareil talent, qu'être le bon professeur que chacun reconnaît en elle.

HALLER (Mme Gustave)

A produit des œuvres d'une réelle valeur, ce qui nous fait regretter que depuis plusieurs années elle paraisse abandonner nos expositions.

Sociétaire des Artistes Français au Salon desquels nous nous souvenons d'avoir admiré en 1883 :

« *Le Vice renversé* », statue grandeur nature qui lui a valu une M. H.

En 1889.

« La Comédie moderne » a été récompensée d'une MÉDAILLE DE BRONZE à l'Exposition Universelle ; une copie de cette œuvre a figuré dans l'atelier de *Rosa Bonheur* jusqu'à la mort dela grande artiste.

D'elle encore un buste en bronze, cire perdue, représentant le

« Prince Stirbey » ; ce buste est au Musée de Valenciennes au milieu des œuvres de Carpeaux, dont le Prince fut le bienfaiteur.

HELO (Mme)

Expose aux Artistes Français et aux Beaux-Arts, réussit admirablement le médaillon ; nous avons pu admirer d'elle, dans ce genre, le portrait de *M. Siegfried*, et celui de *M. Jean Dolent*, qui a figuré au Salon de 1901.

S'adonne avec succès aux œuvres de

petites dimensions, qui, fouillées avec une grande science de l'art, donnent quand même une impression de force, tel :

« *Gros temps* », statuette de 65 centimètres, dont le personnage, un marin, garde dans la prunelle l'anxiété de la vague traîtresse.

HUGUES-ROYANNEZ (Mme J. Clovis)

Expose aux Artistes Français et à l'Union des Femmes Peintres et Sculpteurs.

A évoqué le souvenir héroïque des Femmes Marseillaises lors du siége de leur ville, en la personne de :

« *Jeanne de Valbelle* à la bataille des dames. Cette œuvre appartient aux Félibres.

Continuant à se préoccuper des souvenirs chers aux Marseillais, elle nous a donné :

« *Le Chevalier Roze* », groupe plâtre, épisode de la peste de Marseille.

Citons encore

« *Cosette à la poupée* », des *Misérables* de
Victor Hugo ;

Puis tiré du même auteur :

« *L'Enfant de l'Année Terrible* », au
moment où ce jeune héros,
dans un mouvement subli-
me, offre sa poitrine nue.

De la pièce *Le Jugement de Komor* de Leconte de Lisle, elle a reproduit avec émotion.

« *La mort de Tiphaine* ».

Mme Clovis Hugues a fait un buste de la *Comtesse de Dié*, inauguré à Dié, en septembre 1888.

En 1894, également inauguration, à la Fontaine de Vaucluse, du buste de l'immortelle :

« *Laure de Pétraque* ».

Tout récemment dans les Hautes-Alpes, une de ses œuvres,

« *Buste de la République* », a été placée
à la mairie
de Guilles-
tre.

ITASSE (Mlle Jeanne)

M. H. 1888,
M. H. 1889, E. U.
Bourse de voyage 1891,
Médaille 3e cl. 1896,
Médaille 2e classe 1899,
Médaille Argent, 1900 E. U.

Après une aussi longue nomenclature de récompenses, est-il utile que j'ajoute quelque chose ?

Je crois qu'il suffira d'exprimer l'espoir de pouvoir, dans une prochaine édition, y ajouter les deux lettres magiques H. C. C'est là le vœu que je forme pour l'Art qui comptera, ainsi, une femme sanctionnée de plus.

JAUZION (Mlle J.)

Est Sociétaire des Artistes Français et aussi de l'Union des Femmes Peintres et Sculpteurs.

Au Salon de février, cette artiste, nous a donné plusieurs plâtres, parmi lesquels nous avons remarqué :

« *La Veuve* », médaillon plein de sentiment et d'art.

JOUANNY (Mlles Léontine et Marthe)

En attendant que nous puissions dans un avenir prochain faire la liste des femmes architectes, j'ai cru devoir donner place ici aux noms de Mesdemoiselles Léontine et Marthe Jouanny, qui l'une et l'autre ont vaillamment montré aux femmes que le talent n'ayant point de sexe elles pouvaient, en confiance, marcher dans la voie qu'elles leur indiquent.

Nous avons pu admirer aux Artistes Français, Salon de 1904, une aquarelle d'architecture que Mademoiselle Léontine Jouanny y avait envoyée sous la dénomination :

« *Chemin de la Mondoune* » (Montauban).

Le journal *Architecture* en a du reste publié la reproduction à cette époque.

Son talent avait été déjà mentionné par le Prix d'honneur de l'Ecole Nationale d'Art décoratif de Limoges. Ce prix, dit Prix du

Ministre, est décerné chaque année à l'élève ayant remporté le plus de nominations sur tous les autres élèves, jeunes filles ou jeunes gens.

Mademoiselle Marthe Jouanny a également envoyé une aquarelle d'architecture au Salon de 1904 et son :

« *Moulin de la Palisse* » sur le Tarn, à Montauban,

a eu un vrai succès et fut, comme l'œuvre de sa sœur, reproduit dans : *L'Architecture.*

Le Musée de Limoges possède un vase ornemental en grès flammé, exécuté à Sèvres et signé « Marthe Jouanny » ; les ornements de ce vase de forme originale sont tirés du céleri et sont d'un fort bel effet.

Nous avons l'espoir que ces travaux produits par ces demoiselles Jouanny leur vaudront les succès que nous sommes en droit de leur prédire d'après leurs débuts. Mlle Marthe Jouanny ayant obtenu comme sa sœur, et cela à 16 ans, le Prix du Ministre sur des concurrents des deux sexes de 20 à 25 ans. Elle fut la seule femme qui obtint un deuxième Prix dans un concours ouvert entre tous les artistes de France par la Société d'Encouragement à l'Art et à l'Industrie.

Inutile de dire quels professeurs elles savent être, les succès de leurs élèves et le diplôme de l'Etat en font foi.

JOUVRAY (Mlle Madeleine)

A, en artiste consciencieuse, fait, avant d'exposer au Salon, de sérieuses études artistiques ; elle s'est appliquée avec persévérance à la dissection et à l'anatomie. Aussi lorsqu'en 1889 elle envoya une statue grandeur nature, intitulée :

« DOULEUR D'AME », ce plâtre, avec l'approbation de tous les connaisseurs, obtint une *Mention Honorable*.

Quoique fort jeune encore elle avait éprouvé déjà les vicissitudes de la vie, c'est pourquoi sans doute, elle sut avec tant de réalisme, faire rendre à son œuvre ce que son cœur éprouvait.

En 1897 l'Etat commanda à cette statuaire de valeur, le buste en bronze d'un des hommes qu'il voulait honorer ;

« *M. Vaussent* », astronome et fondateur
d'un observatoire au
Pic du Midi (Pyrénées).

Des éditeurs ont été tentés par son talent et entr'autres choses un d'eux, M. Thiébault, a édité sa statuette

« *La Source* » très appréciée des fins
amateurs.

Le Salon des Artistes Français n'a point présenté depuis trois ans d'œuvre de Mlle Madeleine Jouvray. C'est fâcheux. La Société Nationale des Beaux-Arts a eu ses préférences. Nous avons pu admirer à son Salon de 1904 :

« *La Source* », statuette plâtre, ainsi que
« *Jupiter et Semelé* », haut-relief plâtre.

Le fini de ces deux œuvres a valu à cette artiste d'être reçue « Associée », titre très honorifique.

Le Musée de Pau possède de Mlle Jouvray une belle

« *Tête de Vieillard* », plâtre.

Celui de Gray a acquis en 1889 l'œuvre

« *Douleur d'Ame* » qui avait obtenu une M. H.

Au Musée de Lille, il se trouve de cette statuaire une

« *Tête douloureuse* » marbre, d'une impression saisissante.

Et enfin au Musée de Compiègne, il a été fait don par Mme la baronne Nathaniel de Rothschild, si bienveillante pour les artistes

« *Une Bacchante* », bronze, qu'elle avait achetée à Mlle Jouvray en 1886.

Elle est une travailleuse dans toute la force du mot, elle inculque son art à autrui, en donnant des leçons fort appréciées. Profondément artiste elle ne peut faire que d'excellents élèves.

Je lui souhaite tout le succès qu'elle mérite.

JOZON (Mademoiselle Jeanne)

A obtenu au Salon de 1897 une *Mention honorable* bien justifiée par son talent.

LANCELOT-CROCE (Mme Marcella Renée)

Expose à la Société des Artistes Français où son mariage avec un Sujet Italien nous donne le regret de ne pouvoir la compter comme Sociétaire ; expose également à l'Union des Femmes Peintres et Sculpteurs. A ces deux Sociétés Madame Lancelot-Croce a obtenu :

— M. H. au Salon de 1888.

— Méd. 3e cl. à celui de 1889 ;

Cette même année une bourse de voyage, première obtenue par une femme ;

— M. H. toujours en 1889, celle-ci à l'Exposition Universelle.

— Méd. 2e classe en 1891.

— A l'Union des Femmes Peintres et Sculpteurs le Prix Léon Bertaux en 1891.

— Le Prix de l'Union en 1894.

— Et enfin une MÉDAILLE D'OR à l'Exp. Univ. de 1900, où récompense suprême, il lui fut décerné la Croix de la Légion d'Honneur.

Madame Lancelot-Croce a vendu à l'Etat Français en 1889

« *Le Champagne* » bas-relief à médaillons ayant obtenu une M. H.

En 1891.

« *La Famille* » bas-relief ayant obtenu une médaille de 2e classe au Salon des Artistes Français et à celui de l'Union des Femmes, le prix de Sculpture de Mme Léon Bertaux.

En 1894.

« *La Chasse* », en 1898

« *Les Femmes célèbres de France* », collier de médailles d'un fini exquis.

— La Manufacture de Sèvres possède quatre vases exécutés par Mme Lancelot-Croce.

En Italie, sa nouvelle patrie, où le goût de l'Art semble plus affiné qu'ailleurs par le contact incessant des chefs-d'œuvre anciens, Mme Lancelot-Croce a si bien fait apprécier son talent qu'il n'est guère de travaux délicats commandés par l'Etat qui ne soient exécutés par elle ; c'est ainsi que sont signés d'elle, les

« *Trois bas-reliefs* » ornant la salle réservée à la mémoire du roi Humbert.

Ces œuvres furent inaugurées solennellement par Leurs Majestés en novembre 1903. Le premier bas-relief représente la *Reine Marguerite ;* le second, le célèbre *Carré de Villefrance* où le Prince Humbert se battit contre les Autrichiens, et enfin le troisième, transmet aux générations à venir la mémoire de la sublime conduite de ce Roi lors du choléra de Naples.

— De la même artiste un buste en marbre.

« *Le Roi Emmanuel* », orne le Sénat italien.

Commandé par l'Etat également la statue du

« *Général Coseng* », inauguré au Ministère de la Guerre à Rome, en grande pompe, en 1904.

C'est à Madame Lancelot-Croce que le Roi actuel d'Italie a demandé en 1896 sa *Médaille de Mariage* comme aussi dans sa courtoisie toute romaine, il l'a choisie, elle Française d'origine, pour exécuter la *Médaille commémorative*, représentant d'un côté Monsieur Loubet et de l'autre la France et Rome se tenant embrassées, médaille qui fut offerte par les soins du Ministère des Affaires Etrangères à Monsieur Loubet lors du Voyage du Président à Rome.

La Reine-Mère d'Italie favorise tout personnellement Mme Lancelot-Croce de ses commandes, et son oratoire est embelli d'un :

« *Crucifix* » en marbre blanc sur Croix Marbre rouge, ainsi que d'un

« *Tryphique* » avec émaux, pierre fine d'un admirable travail.

LAURENT (Mlle Blanche)

Expose au Salon des Artistes Français où elle a obtenu par son envoi de 1904 une *Mention Honorable*.

Cette œuvre, du reste, justifie pleinement

cette distinction par son exécution et le charme de son sujet.

Mlle Laurent est Sociétaire des Artistes Français et de l'Union des Femmes Peintres et Sculpteurs.

Son

« *Anémone* » qui a obtenu la M. H. a eu aussi les honneurs de la carte postale.

Je souhaite à cette nouvelle venue courage et succès.

LE COMTE (Mlle Alix)

Expose assez régulièrement au Salon des Artistes Français.

Plusieurs de ses œuvres sont éditées.

En 1904 elle nous a montré une terre cuite « *Enjoleuse* » qui paraissait justifier son titre.

LEMAITRE (Mme Egl., née Robert-Houdin)

Membre de la Société des Artistes Français où elle a exposé de 1884 à 1900. N'a rien envoyé depuis lors.

A exposé plusieurs fois en province, notamment à Versailles, Nice, Boulogne-sur-Mer, Châteauroux, Romorantin, etc.

A obtenu une M. H. au Salon de 1886 avec :

« *Pataud* » chien basset, plâtre grandeur nature.

A fait figurer à l'Exposition Universelle de 1889 :

« *Bien Aller* », grand panneau décoratif Haut-relief.

Médaille d'argent à l'Exposition des Amis des Arts de Versailles en 1887 avec :

« *Mon concierge* », étude de bouledogue.

Mme Lemaître se consacre presqu'exclusivement à donner vie qui dure à de superbes types du plus fidèle ami de l'homme. Ayant étudié la nature, j'allais dire l'âme, de son modèle habituel, cette artiste a su donner non seulement du mouvement mais la pensée même de ces beaux épagneuls.

A ses œuvres éditées par : MM. Capitain Geny et Cie maîtres des Forges à Bussy (Haute-Marne), et le Comptoir Général des Fontes d'Art et de Bâtiment pour :

« *Au Coup de fusil* », groupe cynégétique, grandeur nature, et

« *Dick* » Setter Irlandais.

M. Alexandre Bigot, céramiste, à Mer (Loir-et-Cher) pour :

« *Renard défendant sa Proie* », groupe grandeur nature, et différents modèles de Chats.

M. Mager, directeur de l'Etablissement Céramique de Charenton, a édité une réduction de :

« *Au coup de Fusil* » *Down, stopp !* plus encore différents modèles et sujets créés spécialement pour cette maison.

Le château de Blois, possède d'elle :

« *Un Hallali de Sanglier* » grand panneau décoratif en haut-relief ayant figuré au Salon des Champs Elysées en 1889 ;

Plusieurs autres œuvres d'Eglantine Lemaître sont au Musée, dans les salles de la partie Louis XII du Château de Blois.

« *Coup double* » groupe cynégétique, grandeur nature, du Salon de 1887, a été enlevé par Sir Franck Waterhouse pour l'Angleterre.

Pour New-York a été vendu « *Au coup de Fusil* ».

LEMARCHAND (Madame J.)

S'est jusqu'à ce jour spécialisée dans le genre médaillon dont elle a fait quelques envois aux Salons de Paris et de Rouen.

Entreprend la tâche délicate du professorat.

LEROUX-BOGUREAU (Mme J.)

Est élève de l'Ecole Nationale des Arts décoratifs, aussi les bustes qu'elle nous montre aux Salons nous font présager un bel avenir artistique.

LOMBARD (Mlle Gabrielle)

Aidant à répandre l'amour de l'Art, elle se voue au professorat, ce qui lui a valu l'année dernière une Médaille de bronze.

Elle a envoyé cette année au Salon des Artistes Français un buste d'enfant qui personnifie bien la petite parisienne.

LUNN (Mlle AGNÈS)

Sculpteur animalier, danoise d'origine, expose régulièrement aux Salons des Artistes Français et a fait aussi deux envois à l'Exp. Un. de 1900 :

« *Une Vache* » cire, 1/2 nature, et une
« *Jument* » plâtre, 1/4 nature, œuvres qui révèlent l'une et l'autre de grandes qualités d'observation.

Au Salon de 1904, Mademoiselle Lûnn nous a envoyé :

« *Chevaux d'Irlande* », 1/8 nature, bronze.

Elle expose aussi à Copenhague, et en 1899, l'œuvre

« *Jument et Poulain* », plâtre, 1/8 nature, qu'elle y a envoyée, est d'un réalisme qui se permet d'être charmant.

Mademoiselle Lûnn, quoique étrangère, est des nôtres à plus d'un titre ; sentant la nécessité que les femmes artistes imposent leur talent au jugement du public, elle a créé et dirigé en 1895 à Copenhague une Exposition des Arts féminins.

MALLARINO (Mme Solange de)

Est Sociétaire de l'Union des Femmes Peintres et Sculpteurs où elle expose régulièrement.

Au dernier Salon de cette Société, elle nous a fait admirer deux bustes bien différents ; l'un nous montre celui d'un homme, l'autre d'une jeune fille. Cette dernière œuvre surtout peut satisfaire l'auteur car elle nous a paru très fouillée, très étudiée.

Nous lui souhaitons bon courage au travail et très prochaine récompense.

MANOUVILLER (Mme Amélie)

Sociétaire des Artistes Français ; en 1894, elle nous donne un bas-relief plâtre de 1 m. 20 sur 70 c. représentant :

« *Une jeune fille jouant du violon.* »

En 1891, elle a obtenu une Médaille d'or pour un buste de Femme à l'Exposition d'Horticulture de Montreuil-sous-Bois.

MARC (Mme Fanny)

Sociétaire des Artistes Français, l'est aussi de l'Union des Femmes Peintres et Sculpteurs.

Elle a obtenu une M. H. en 1895 ;

Le *Prix de Sculpture* à l'Union des Femmes en 1902, et enfin au Salon de 1904 une Médaille 3e classe, avec :

« La Vérité » statue marbre et

« Narcisse » statue plâtre.

MATTON (Mlle Ida)

Sociétaire de l'Union des Femmes Peintres et Sculpteurs.

Au Salon des Artistes Français, elle a obtenu en 1896 une M.H.

En 1900 à l'Exp. Univ. une autre M.H.

Puis encore le Prix de Sculpture de l'Union des Femmes à leur Salon de 1903.

Cette statuaire compte à son actif :

« *Un Monument funéraire* » inauguré au cimetière de Gefle (Suède) en 1901, puis un autre

Monument funéraire au même Champ de Repos inauguré en 1903.

Les administrateurs du nouveau Théâtre dramatique de Stockholm (Suède) lui ont commandé le buste en marbre de :

« *Molière* » destiné à la loge du Roi.

Les œuvres de Mlle Ida Matton sont aussi fort goûtées par les particuliers qui lui font de nombreuses commandes.

Une artiste de cette valeur ne saurait

rester longtemps sans obtenir une récompense supérieure à celles déjà reçues. Nous lui souhaitons bon courage.

MÉRIGNAC (Mme Ernesta)

Nous a donné à admirer au Salon de 1904 une plaquette bronze représentant un « *Portrait* », très finement travaillé.

Elle est une des rares femmes exposantes qui s'avouent élèves d'une femme. Tous mes vœux de succès vont vers cette artiste et ils se réaliseront certainement, avec un professeur de la valeur de Mlle Geneviève Granger qui a l'honneur du Luxembourg.

MILLES (Mlle Ruth)

A remporté au Salon de 1902 une M. H. avec son:

« *Petit Chaperon rouge* », d'un réalisme frappant, qui nous rapporte mieux aux bons contes de notre enfance, que les fantaisistes petits chaperons rouges, tout de velours vêtus, que nous montre l'imagerie moderne style.

Cette artiste a exposé en 1904 sur invitation particulière du Président de la Société des Artistes Autrichiens, à Vienne.

Elle est exposante régulière à la Société des Artistes Suédois à Stockholm.

Il n'est pas étonnant que parmi son bagage artistique MM. Colon et Goldscheider, éditeurs se soient rendus acquéreurs de plusieurs de ses œuvres. M. Blot a eu la main heureuse en éditant :

« *Yvonne* » qui nous donne bien l'impression d'une fille de la rude race celtique.

L'Exposition de St-Louis a été un succès pour Mlle Milles qui y a remporté une *Médaille d'Argent* avec 4 statuettes en bronze et éditées aussitôt par la maison Blot.

MONGINOT (Mlle Charlotte)

Est sociétaire des Artistes Français et de l'Union des Femmes Peintres et Sculpteurs.

Elle a obtenu une M. H. au Salon de 1895,

Le Prix de Sculpture à l'Union des Femmes en 1903.

Une *Médaille d'or* à l'Exposition de Troyes et enfin

Le *Prix d'Atelier* à l'Ecole des Beaux-Arts en 1901.

Le Musée de Gray (Hte Saône) a acquis l'une des œuvres que cette artiste avait envoyées au Salon de 1902

« *Titan foudroyé* », sujet qu'elle avait traité de magistrale façon.

Le Musée de Troyes (Aube) avait précédemment acquis de Mlle Monginot :

« *Une Amazone* » son envoi au Salon de 1898.

En 1899 elle avait exposé :

« *Le haut de la Mer* » ;

En 1900 « *Un Bébé* » ;

En 1902 elle revenait aux sujets lui permettant de développer toute l'énergie et l'expression de son talent avec :

« *Un Martyr* » ; en 1903 son œuvre toute poétique

« *La Chanson du Printemps* » fut fort remarquée,

Et enfin son envoi au Salon de 1904.

« *La Douleur et le Temps* », nous permet de la classer parmi les artistes sachant animer leur sujet du souffle philosophique.

MORIA (Mlle Blanche)

Qu'il nous soit permis de saluer en elle l'artiste à laquelle nous devons l'œuvre dont la reproduction orne la couverture de ce volume et portant sur son socle cette légende : « *La Femme revêt la blouse du travail pour acquérir une individualité* ».

Mlle Moria expose depuis 1885 des bas-reliefs ou des bustes parmi lesquels :

« *Une Chimère* »,
« *Electre* »,
« *L'Indiscrète* »,
« *Invocation* » marbre,
« *Une Rêverie* »,
« *L'Embuscade* »,
« *Papa la Joie* »,
« *Une Bretonne* »,
« *Miss Ellen* » etc., etc.

Cette artiste a vu son talent récompensé

par une M. H. à l'Union Centrale des Arts décoratifs en 1878.

HORS CONCOURS à Tunis.

Elle a pris part aux Expositions de Versailles, Rouen, Londres, Saint-Pétersbourg, Saint-Louis.

Elle s'est vu décerner en 1889 une *Médaille Bronze* comme collaboratrice de l'Enseignement.

En 1892 elle obtint une M. H. au Salon des Artistes Français.

En 1894 elle a remporté le *Prix Ocampo* à l'Union des Femmes Peintres et Sculpteurs.

Elle a eu ses modèles pour l'Enseignement édités par la maison Hachette.

L'Etat lui a commandé une œuvre en 1891, buste bronze

« *Vieille Italienne* », qui a pris place au Musée de Grenoble ;

En 1895, buste de « *Mme de Sévigné* » pour le lycée de jeunes filles de Chambéry.

L'Etat lui achète encore en 1899 le modèle plâtre de son grand bas-relief :

« *Vers l'Infini* », dont il lui fit la commande en marbre pour le Musée de Nantes.

En 1900 elle reçoit le « Prix Piot » avec « *L'Eternel Sphinx* ».

Pour la salle des Fêtes de l'Exposition Universelle de 1900, la statue lampadaire « *Hongrois* » qui l'orne encore.

C'est au Salon de 1902 qu'elle expose la statue dont nous lui devons la reproduction sur ce livre.

Au Salon de 1903 son envoi s'intitule « *Gavroche* », marbre qui, par les soins de MM. Tuck et fils, ont eu les honneurs de la carte postale.

MULLER-VANDEVELDE (Mme)

Sociétaire des Artistes Français, fait spécialement le médaillon.

Au Salon de 1904 elle nous a montré une « *Tête de jeune fille* » bien expressive.

NEWMANN (Mlle Fl.)

Anglaise, tient à honneur d'exposer à notre Salon.

Pour celui de 1904 elle nous avait envoyé deux plaquettes métal, l'une représentant :

« *Une tête de Femme* » et l'autre

Une « *Tête d'homme* ».

L'une et l'autre ont donné un aperçu satisfaisant du talent de cette artiste, qui nous montrera mieux encore, certainement, l'année prochaine.

PAIN (Mlle Marie-Louise)

Est élève de l'Ecole des Arts appliqués à l'Industrie, de Bourges.

Son envoi au Salon de 1904 a été spécialement remarqué, car le buste qu'elle nous a montré est sculpté dans le bois. Nous avons peu occasion d'admirer ces genres d'œuvres au dehors des sujets religieux ; elles ont pourtant, à mon avis, un charme tout particulier. Si j'osais me permettre de donner mon impression, je dirais en toute sincérité à cette jeune artiste de continuer cette sculpture sur bois. Je n'ai d'ailleurs pas été seule, nous étions légion qui avons admiré ce travail.

PELTIER (Mme Thérèse)

M. H., en 1902, obtenue avec une figure plâtre

« *Le Parfum* ».

Elle est Sociétaire de l'Union des Femmes Peintres et Sculpteurs auquel Salon de 1904 on a pu revoir « *Le parfum* », œuvre récompensée aux Artistes Français en 1902. Elle avait joint à cet envoi plusieurs autres œuvres, parmi lesquelles j'ai particulièrement remarqué un Portrait plâtre de

« *Marc Berly* » dans son rôle de saint-Guillaume.

Je souhaite à cette artiste de nouveaux lauriers.

PFEIFER (Mlle Clara)

Nous a donné au Salon de 1904 un buste bronze

« *Portrait du Président Williams Mac Kinley* ».

Elle y a mis toute son âme d'Américaine, car elle est née à Saint-Louis.

PIRET (Mme Marie)

Professeur de modelage, réussit admirablement les bustes.

Nous avons particulièrement apprécié son bien faire par le buste de

M. *Henri Lafontaine*, l'acteur regretté des Français. Cette œuvre placée au cimetière de Versailles a été exposée en 1899 au Salon de cette ville.

Mme Piret non contente de professer le grand art de la Sculpture s'adonne avec un réel succès aux cuirs artistiques et enseigne cet art d'agrément.

RAPHAEL (Mme Suzanne)

A exposé aux Artistes Français.

Fait partie depuis six ans de l'Union des Femmes Peintres et Sculpteurs, expose tous les ans à cette Société.

Elle a obtenu à Mâcon en 1903 une *Médaille d'Or* pour son groupe plâtre « *Les lutteurs* », et une croix de mérite pour un petit bronze « *Bacchante* ».

A Lyon la même année elle remporte avec son œuvre en marbre :

« *L'Ame de Pierre* » un diplôme de membre du jury, Hors Concours.

Elle fait aussi de forts beaux étains.

ROCH (Mlle Clotilde)

A obtenu, pour son médaillon bronze, portrait de :

M. *H. Bovy*, une M. H. au Salon des Artistes Français en 1904.

Est membre du Jury de la Classe de Modelage à l'Ecole des Beaux-Arts à Genève, école où elle a professé de 1899 à 1903.

Mlle Roch s'est vu décerner un 1er Prix *ex-æquo* en 1896 pour un projet de plaquette de tir cantonal genevois ; puis en 1903 un *3e Prix* au concours ouvert entre les artistes suisses et les artistes étrangers résidant à Genève par l'Association des Intérêts de Genève, pour élever un monument à *Philibert Berthier*.

Sur sélection un concours restreint reste ouvert entre les trois projets primés. Au moment de mettre sous presse nous en ignorons le résultat ; nos vœux sont pour Mlle Roch qui doublement nous intéresse en sa qualité de Femme et, d'artiste de talent. Talent dont nous trouvons la plus belle expression dans :

« *Derniers rayons* », buste de femme à son déclin qui de ses pauvres yeux presque éteints semble vouloir saisir les dernières clartés d'un soir d'automne. Le buste fit sensation au Salon de 1904.

RODOCANACHI (Mlle Hypatie)

Est Anglaise. Elle nous a envoyé au Salon de 1904 un bas-relief marbre. Le sujet nous est familier. Qui ne connaît « *Le retour de l'Enfant prodigue* » ? Le plaisir n'a pas seulement été dans le souvenir de l'histoire sainte de nos jeunes ans, mais il l'a été également pour les yeux, l'œuvre nous ayant relevé l'art à la perfection duquel aspire l'artiste.

Nous lui souhaitons bon courage et succès.

ROZET (Mlle Fanny)

Nous pouvons saluer en cette fille et sœur d'artistes la première et seule femme sculpteur (une seule femme peintre avait été reçue deux ans avant) qui ait été, en 1904, par une première épreuve, admise à prendre part à l'important concours Chenavard.

Le groupe « *Premières fleurs* », son sujet de concours, lui a fait attribuer le 1er Prix et 600 francs de récompense.

Mlle Rozet a exposé ensuite cette œuvre au Salon des Artistes Français où nous avons pu en admirer la poésie et la bonne exécution.

Cette jeune artiste a par son talent ouvert aux femmes les portes de l'Ecole des Beaux-Arts, où elle est élève à titre définitif, ayant été, durant plusieurs concours, la seule élève sculpteur qui y ait été admise, même de façon provisoire.

Voici, je crois, des titres qui permettent d'augurer d'un brillant avenir artistique, qu'atteste déjà son envoi au Salon de 1904.

SHAW (Mme Katkléen)

A exposé au Salon 1904 de la Société Nationale des Beaux-Arts, un médaillon plâtre :

« *Portrait d'Henry Bruce Amstrong* ».

Il était travaillé et devait certes être ressemblant.

SMITH (Mlle Hélène)

Nouvelle venue dont l'envoi au Salon des Beaux-Arts de 1904 :

« *Une tête* », bronze, est d'un travail si expérimenté qu'il donne l'illusion de l'œuvre d'une vieille artiste blanchie sous le harnais. Ses débuts sont œuvre de maître.

SYAMOUR (Mme)

A obtenu une M. H. en 1887, avec « *Voltaire* », statue bronze ;

Une MÉDAILLE DE 3e CLASSE en 1899 avec « *Sapho* », marbre ;

Puis à l'Exposition Universelle de 1900 une M. H.

Mme Syamour, avec un talent hors de pair, s'est plue à évoquer les hommes de 1848, et j'avouerai toute la joie qui est en mon cœur de féministe à voir une femme se complaire à rendre les traits de ces vaillants pionniers que furent *Victor Considérant*, *Victor Schœlcher* auquel nous devons la fin de l'esclavage dans les Colonies Françaises ; Wladimir Gagneur, cet autre défenseur des libertés humaines.

En janvier 1905 sera inauguré à Chatenay (Seine-et-Oise), la statue que Mme Syamour a faite du devancier de ces grands cœurs : « *Voltaire* ».

Sur commande de l'Etat, cette artiste a exécuté des œuvres qui nous permettent de juger de la diversité de son talent, tels sont:

« *Diane* », statue plâtre;

« *La FranceNouvelle* », plâtre ;

« *Sapho* », statue marbre (Musée d'Amiens) ;

« *Sapho* », statue plâtre (Musée de Lons-le-Saulnier) ;

« *Méditation* », statue marbre (Musée de Besançon);

Médaillon de la « *République* », pour les écoles.

En préparation « *Le Matin* », statue marbre pour le parc de St-Cloud.

La Manufacture de Sèvres a édité d'elle: « *Dame au Camélias* », sujet qui a également tenté la Société Parisienne de Céramique qui a aussi édité de cette statuaire, « *Vision Bacchante* » et l' « *Ecolière* ».

Chez Goldscheider « *Mignon* », et « *Roses Trémières* ».

Plusieurs nécropoles possèdent des Monuments dus au ciseau de Mme Syamour, dont le détail se trouve au chapitre des œuvres érigées en places et monuments publics.

THOMAS-SOYER (Mme)

Expose à la Société des Artistes Français où elle a obtenu une M. H., en 1880, avec :

« *Cheval attaqué par des loups* ».

En 1881 une Médaille de 3e classe avec : « *Chiens perdus* » ;

Puis une Médaille de Bronze à l'Exposition Universelle de 1889.

Et une autre Médaille de Bronze à l'Exposition de 1900.

Les Musées de Châlons, Troyes, Nantes, Bourges, Semur, Orléans, Gray, possèdent de Mme Thomas-Soyer des œuvres par lesquelles l'artiste a reproduit avec vigueur des scènes de chasse.

Siot-Decauville a édité son envoi au Salon de 1904 « *Le guet* ».

Cette artiste avait déjà comme œuvres éditées « *La Vedette* », « *Lévriers Russes* », et des *Vases décoratifs* chez Thiébaut.

TIZARD (Mlle Kate)

Sociétaire de l'Union des Femmes Peintres et Sculpteurs.

Au dernier Salon de cette société elle nous a montré entre autres choses une jolie statuette « *Giotto* ».

A celui des Artistes Français de 1904 une « *Musicienne des rues* », bien prise sur le vif.

TONNESSEN (Mlle Ambroisie)

M. H. en 1903.

En 1902 elle nous a montré une statue plâtre de M. le professeur Johan-Christian Dahl.

La ville de Bergen (Norwège), a commandé à cette artiste cette statue en bronze.

Nous lui souhaitons de nouveaux lauriers.

UFFOLTZ (Mme)

Archéologue émérite, cultive la science des monuments de l'Antiquité, et puisque, d'ici longtemps, il nous sera difficile de réunir un assez grand nombre de femmes s'occupant de cette haute science, je tiens à honneur à ouvrir à cet artiste quelques feuillets de ce livre, afin de manifester hautement mon admiration pour son talent.

Mme Uffoltz est sociétaire des Artistes Français et a exposé au Salon de 1904, dans la Section architectes-archéologues une tapisserie remarquable exécutée d'après une mosaïque datant des premiers Antonins et découverte à Sousse, en Tunisie, toute détériorée et reconstituée par cette artiste.

Pour exécuter cette merveille d'art ancien, il a fallu à cette vaillante trois années d'un travail patient, de beaucoup de délicatesse et surtout d'habileté. Il fallait être artiste dans l'âme pour rendre pareille œuvre ; aussi a t-elle doublement prouvé qu'elle l'était en exécutant cette tapisserie d'après des procédés imaginés par elle.

Le fond de l'ouvrage est en points des Gobelins, seulement Mme Uffoltz en a doublé le point afin de donner un relief saisissant aux personnages et aux objets les environnant.

L'éloge de M. Héron de Villefosse, membre du Comité des travaux historiques et scientifiques, et ceux de M. L. H. Lalande, correspondant du Ministère de l'Instruction Publique, dans leur ouvrage « *Les Mosaïques romaines de Villefaure* (Vaucluse), donnent la note juste à la valeur artistique de Mme Uffoltz. Ils disent entr'autres phrases : « Visconti a émis « l'opinion que les mosaïques romaines, « représentant des paysages égyptiens, « étaient des imitations des célèbres tapis « d'Alexandrie si estimés des anciens ».

M. Paul Gauckler dans « *Les Mosaïques-Virgiliennes de Sousse* », consacre une partie du 2e fascicule de 1898 du Tome IV, à nous éclairer sur le travail qu'a reconstruit Mme Uffoltz ; il dit :

« Ce portrait du poète n'a évidemment « pas été fait d'après nature. Nous savons, « en effet, que Virgile a séjourné en Sicile ; « mais il ne semble pas être venu en Afri- « que. D'ailleurs, la mosaïque est posté- « rieure d'une centaine d'années à sa mort. « Elle ne peut donc être que la reproduc- « tion d'un tableau célèbre, ou plutôt « d'une de ces images dont parle Martial,

« qui ornaient le premier feuillet des édi-
« tions manuscrites des poèmes virgiliens.

« Il importe, en effet, de noter la res-
« semblance que présente le Virgile de
« *Sousse* avec celui des miniatures du
« *Romanus*. Celles-ci le figurent, comme
« ici, sous les traits d'un homme imberbe,
« aux cheveux courts, vu de face, vêtu d'une
« toge blanche, les pieds chaussés de bro-
« dequins ; il est assis sur un siége à degré
« et tient un manuscrit sur les genoux.

« De tout ceci, il faut retenir un détail ico-
« nographique : Virgile portait les cheveux
« courts. Cela suffit à permettre de trancher
« sans réplique la question d'authenticité
« de la tête du Musée de Mantoue et de
« toute la série des bustes qui se rattachent
« au même type.

« Le caractère commun de ces sculptu-
« res est, en effet, de représenter un jeune
« homme aux traits fortement idéalisés,
« dont la chevelure, ceinte d'un bandeau,
« retombe en longues boucles sur les épau-
« les.

« Le Virgile de *Sousse* n'a rien d'idéal. La
« face est plate avec des pommettes très

« saillantes ; les cheveux tombent en désor-
« dre sur le front, les traits sont rudes
« et fortement accusés. Enfin le menton
« paraît assez proéminent, détail typique
« qu'on retrouve aussi sur les miniatures
« du *Romanus*.

« Tel qu'il est, le portrait de Virgile pré-
« sente des caractères individuels assez
« marqués pour qu'on soit autorisé à sup-
« porter qu'il ne défigure pas trop les traits
« de son lointain modèle ».

Je m'arrête : mon désir de convaincre les amateurs entraînerait ma plume, et si je m'écoutais, je continuerais à faire toute la narration scientifique de l'auteur du fascicule, où il nous prouve en admirant le travail de Mme Uffoltz, qu'elle a réellement su rendre une œuvre unique et d'une incontestable valeur archéologique.

Je suis heureuse et fière d'écrire ces lignes dans lesquelles il m'est doux de constater, une fois de plus, que le sexe n'a rien à voir avec le talent et la science, je pourrais ajouter aussi, avec le labeur, car il en a fallu déployer pour arriver à nous faire admirer une chose si belle, faite avec une minutie aussi grande.

L'œuvre a tenté déjà maints amateurs, j'ignore au moment de mettre sous presse, si cette artistique tapisserie est encore à l'heure qu'il est la propriété de Mme Uffoltz.

UZÈS (Duchesse douairière d')

Présidente d'honneur de la Société de l'Union des Femmes Peintres et Sculpteurs, fut également exposante à la Société des Artistes Français où il lui a été décerné une M. H. en 1886 pour une statue de :

« *Saint Hubert* », pierre, en laquelle l'artiste, par une belle manifestation d'art, a rendu hommage au grand saint protecteur des prouesses cynégétiques.

Cette statue est dans l'église du Sacré-Cœur de Montmartre et une reproduction en marbre en a été faite pour le Canada.

Madame la duchesse d'Uzès a obtenu le PRIX DE SCULPTURE en 1902 à l'Union des Femmes Peintres et Sculpteurs pour une

« *Vierge N. D. du Salut* » maquette plâtre.

Cette œuvre a été admirée par tous les visiteurs de ce Salon.

L'héroïque pucelle a souvent inspiré l'artiste et deux de ses statues représentant

« *Jeanne d'Arc* » furent inaugurées, l'une à Mousson par Mgr Turinaz, évêque de Nancy.

L'autre à Mehun-sur-Yèvre (Loire) par le Préfet.

De cette dernière œuvre une reproduction se trouve à Orléans au Musée de Jehanne d'Arc.

En 1897 M. Félix Faure, comme Président de la République, a inauguré à Valence.

« *Le Monument d'Emile Augier* » auquel la duchesse d'Uzès a donné une vivante et fine expression.

En 1899 eut lieu l'inauguration à Fontenay-le-Château de la statue en bronze du « *Poète Gilbert* ».

Mme d'Uzès a abordé avec égal succès des sujets très divers, c'est ainsi que nous avons d'elle des Vierges, à Pont de l'Arche, à Poissy et à Reims, où le 16 octobre 1904 on vient d'inaugurer :

« *N. D. de France* » marbre.

Réunissant dans son culte du Beau le profane au sacré, nous lui devons encore une

« *Diane au repos* » qui par son exécution procède de l'antique et personnifie tout autant la déesse protectrice des Femmes, que la Chasseresse des temps anciens.

Les éditeurs se sont empressés de reproduire sa « Jeanne d'Arc de Mehun », en marbre, ainsi que sa belle statue N.-D. de France.

La carte postale s'est emparée de la reproduction du « Monument d'Emile Augier ».

VARLET-BIGOT (Mme Vve)

S'adonne aux bustes et aux médaillons.

Est Sociétaire des Artistes Français, et de la Société de l'Union des Femmes Peintres et Sculpteurs, aux Expositions desquels elle nous a montré des bustes très ressemblants.

VÉDIE (Mme Marguerite)

Expose au Salon des Femmes Peintres et Sculpteurs où nous avons eu l'excellente fortune d'admirer d'elle, en 1904, le buste plâtre du bon poète normand « *Jules Prior* ».

Mme Védie s'est montrée elle-même poète autant qu'artiste dans le choix et l'exécution de son modèle. Tout admirateur de poésie locale lui sera reconnaissant d'avoir fixé pour les âges à venir les traits du tonnelier-poète dont s'honore Beaumont-le-Roger, sa patrie.

L'œuvre de Mme Védie, acquise par les admirateurs de Jules Prior, doit orner l'une des places de sa ville natale, laquelle garde comme un sourire des dieux le souvenir de sa longue carrière d'homme de bien, rehaussant encore la beauté de ses œuvres par la bonté de sa vie.

VÉRIANE (Mlle Renée DE)

M. H. EN 1896.

En 1902 elle a envoyé au Salon un buste de M. *Santos Dumont* et à celui de 1904, un autre personnage d'actualité « *Son Excellence M. Monoto* », ministre plénipotentiaire du Japon.

VIARDOT (Mme E.)

Non seulement expose aux Artistes Français, mais est aussi Sociétaire de l'Union des Femmes Peintres et Sculpteurs.

Après s'être adonnée aux bustes avec succès, s'est spécialisée depuis quelques années dans les médaillons des personnalités marquantes : *Ernest Renan*, *Victor Hugo*, *Emile Zola*, *Wagner*, *Berlioz*, *Gustave Charpentier*, *Camille Flammarion*, etc.

WALLIS (Mme)

Née au Canada, a obtenu à l'Exposition Universelle de 1900 une M. H.

Au dernier Salon, 1904, elle a exposé une statue pierre.

« *Mercure sous le charme de son invention* ».

WALTHER (Mme Amélie)

A, au Salon de 1904, exposé une statuette biscuit

« *Mélisande* », très admirée.

WEBER (Mlle Ella)

Autrichienne d'origine, depuis trois ans à Paris, elle est une travailleuse zélée.

Elle a obtenu en 1900 un diplôme d'honneur à l'Exposition Féminine de Vienne.

Elle nous a donné, au Salon des Artistes Français, en 1902,

« *Les deux amis* », un bel enfant tenant un chat dans ses bras.

Puis au Salon de 1903.

« *La Prière* », personnifiée par un vieillard dont l'expressive physionomie donne bien le sentiment d'angoissante supplication que l'artiste a voulu rendre.

WEYL (Mme Jenny)

Sociétaire des Artistes Français.

Elle a obtenu une M. H. en 1889 à l'Exposition Universelle, et encore une M. H. à l'Exp. Univ. de 1900.

Elle est élève de la grande artiste H. C., Mme Léon Bertaux.

Elle nous a montré divers bustes aux Salons précédents, et à celui de 1904 un buste plâtre.

« *La Petite à la Cape* », qui a réjoui l'œil des vrais artistes.

Son bagage artistique ne saurait se clore sur ces deux M. H., bientôt, sans doute, il nous sera fourni l'occasion de la complimenter sur l'obtention d'une Médaille.

Femmes Sculpteurs Françaises

RÉCOMPENSÉES

BERNHARDT (Sarah Mme), née à Paris, M. H., 1876.

BERTAUX (Mme Léon), née à Paris, M. H., 1863, Méd., 1864 et Méd., 1867, Méd. de 2e cl., 1873 et H. C., Méd. Or, 1889, E. U., H. C.

BERNARD (Mme Ch. Gab.), née à Paris, M. H., 1883, Méd. arg., 1900, E. U.

BIANCHI (Mme Mathilde), M. H., 1886, M. H., 1889, E. U.

BIZARD (Mlle Suz.), née à Saint-Amand (Cher), M. H., 1900.

BLANCHON (Mlle Marg.), née à Blois, M. H., 1897.

BLOCH (Mme Elisa), née à Breslau, nat. franç., M. H., 1894.

BORGEAUD-STIENZ (Mme J.), née à Paris, M. H., 1899.

BOURSIER (Mme Th.), née à Creil, M. H., 1889.

BRACH (Mlle Malvina), 2e Prix de Sculpture, en 1901, au Salon de l'Union des Femmes Peintres et Sculpteurs.

BRICARD (Mlle), née à Angers, M. H., 1904.

CAZIN (Mme Marie), née à Paimbœuf, M. H., 1885 et 1886, Méd. br., 1889 E. U, Méd. arg., 1900, E. U.

CLAUDEL (Mlle Camille), née à Fère, M. H., 1888, Méd. br., 1900, E. U.

COUTAN (Mme Laure), née à Dun (Cher), M. H., 1894.

COUTANT (Mme N.), née à Londres, nat. franç., M. H., 1890.

CRANNEY-FRANCESCHI (Mme M.), née à Paris, M. H., 1889.

DELATTRE (Mme Th.), née à Paris, M. H., 1883.

DEMAGNEZ (Mlle M. Ant.), née à Paris, M. H., 1897, Méd. br., 1900, E. U.

DESCAT (Mme Henr.), née à Carrières (Nord), M. H., 1883, 1885 et M. H., encore en 1889, E. U.

DUCOUDRAY (Mlle Marie), née à Romorantin, M. H., 1899 et M. H., 1900, E. U.

DUCROT-ICARD (Mme Fr.), Pont de Vaux, M. H., 1894, Méd. 3e cl., 1894, M. H., 1900, E. U.

DURVIS (Mme Marie), née à Paris, M. H., 1882.

FORESTIER-BARBE (Mme And.), née à Liverdun, M. H., 1899.

FRUMERIE (Mlle de), 1er prix de Sculpture au Salon de l'Union des Femmes en 1901.

GABRIELLE-DUMONTET (Mme Laval), née à Bourg, M. H., 1892, M. H., 1900, E., U.

GIRARDET (Mme Berthe), née à Marseille, M. H., 1901, Méd. or, 1900, E. U.

GRANGER (Mlle Geneviève), née à Tulle, M. H., 1899, Méd. 3e cl., 1901, I, *Gravure méd.*

GRUGER-CAILLEAUX (Mme M.), née à Soissons, M. H., 1898.

HALLER (Mme Gustave), née à Paris, M. H., 1883 et Méd. br., 1889, E. U.

HIROU (Mlle Jeanne), née à Paris, M. H., 1886.

ITASSE (Mlle Jeanne), née à Paris, M. H., 1888, M. H., 1889, E. U, bourse de voyage, 1891, Méd. 3e cl., 1896, Méd. 2e cl., 1899, Méd. arg., 1900, E. U.

JOUVRAY (Mlle M.), née à Paris, M. H., 1889.

JOZON (Mlle Jeanne), née à Paris, M. H., 1897.

LANCELOT-CROCE, (voir Etrangères).

LARIVIÈRE (Mme Ch. de), née à Glen, M. H., 1889.

LAURENT (Mlle Bl.), M. H., 1904.

LEMAITRE (Mme Eglantine, née Robert-Houdin), née à Saint-Gervais (Loir-et-Cher), M. H., 1886, M. H., 1889, E. U.

MATTON (Mlle Ida), Prix de Sculp., 1903, Société Union des Femmes Peintres et Sculpteurs.

MAILLOT (Mme Pauline), Zélande, de parents français, M. H., 1890.

MANIEL (Mlle Amélie), M. H., 1897.

MANUELA (Mme Anne, duchesse d'Uzès), née à Paris, M. H., 1887 et Prix de Sculpture en 1902 à la Société Union des Femmes Peintres et Sculpteurs.

MARC (Mme Fanny), née à Paris, M. H, 1895, en 1902, Prix de Sculpture au Salon de l'Union des Femmes et Méd. 3e cl., 1904 aux Artistes Français.

MAUGENDRE-VILLERS (Mme Armenta), née à Gournay, M. H.

MEZZARA (Mme Florence), née à Mulhouse (Alsace), M. H., 1885.

MONGINOT (Mlle Charlotte), née à Paris, M. H., 1895, et Prix de Sculpture, Société Union des Femmes, 1903.

MORIA (Mlle Blanche), née à Paris, M. H., 1892, et Prix Ocampo, 1894, au Salon de l'Union des Femmes, Méd. bronze, 1900, E. U. et Prix Piot également en 1900.

PELTIER (Mlle Th.), née à Orléans, M. H., 1902.

ROZET (Mlle), née à Paris, M. H., 1904.

SYAMOUR (Mme), née à Brery (Jura), M. H., 1887 etMéd. 3e cl., 1899, M. H., 1900, E. U.

TESTARD (Mlle Pauline), née à Paris, M. H., 1895.

THOMAS-SOYER (Mme Math)., née à Troyes, M. H., 1880 et Méd. 3e cl., 1881, Méd. br., 1889, E. U., Méd. br., 1900, E. U.

UZÈS (Duchesse Anne d' (MANUELA), née à Paris, M. H., 1887, et au Salon de 1902, Prix de Sculpture de la Société Union des femmes Peintres et Sculpteurs).

VALLGREN (Mme Ant.), née à Stockolm, nat. franç., Méd. arg., 1900, E. U.

VERIANE (Mlle Renée de), née à Paris, M. H., 1896.

WEYL (Mme Jeanne), née à Lure, (Hte Saône), M. H., 1889, E. U., M. H., 1900, E. U.

Femmes Sculpteurs Etrangères

RÉCOMPENSÉES AUX SALONS DE PARIS

AHLBORN (Mlle Léa), née à Lundgren, Suède, Méd. br., 1889, E. U.

ALBAZZI (Mme la Comtesse), née à Lopatinka (Russie), M. H., 1898, Grav. Méd.

AROSENIUS (Mlle Karin), Suède, M. H., 1889, E. U.

BENEDICKS-BRUCE (Mme Caroline), née à Stockholm, M. H., 1893.

BEVERIDGE (Mlle K.), Etats-Unis, M. H., 1900, E. U.

BOIS (Mme Roberte DU), née à Scheveningue, M. H., 1899.

BOSCH-NIERZ (Mlle), née à Amsterdam, Gd Prix 1900, E. U.

BRUCE (Mme), Grande-Bretagne, Méd. bronze, 1900, E. U.

CASINI (Mlle Amélie), Dinan (France), parents Italiens, M. H., 1887 et M. H., 1889, E. U.

CASSAVETTI (Mme Marie), Grèce, Méd. bronze, 1900, E. U.

CASSAVETTI (Mme Zambacco), Grèce, Méd. bronze, 1900, E. U.

CURTIS-HUXLEY (Mlle Cl.), née à Palmyra (Amérique), M. H., 1900.

CURTOIS (Mlle Ella), née à Lincolnshire (Angl.), M. H., 1896.

DIDERICHSEN (Mlle H.), Danemark, M. H., 1900, E. U.

FULPIUS (Mlle Elisa), née à Genève, M. H., 1902 (Gravure).

GENNADIUS (Mlle Cléonice), née à Athènes, M. H., 1891.

GERSON (Mlle Marie), née à Varsovie, M. H., 1898, Méd. bronze, 1900, E. U.

GINÈS-Y-ORTIZ (Mme A.), née en Espagne, M. H., 1900, E. U.

GIRARDOT (Mme Berthe), née à Marseille, de parents suisses, Méd. Or, 1900, E. U., M. H. 1901.

GLEICHEN (Mme la comtesse Feddora), née en Grande-Bretagne, Méd. br., 1900, E. U.

GROYN-JEFFREYS (Mlle), née en Grande-Bretagne, M. H., 1889, E. U.

HATTORI (Mme Koren), née au Japon, Méd. arg., 1900, E. U.

KJELLBERG (Mme Agnès), née à Staafde (Suède), M. H., 1893.

LANCELOT-CROCE (Mme Marcelle Renée), née à Paris.

Son mariage, de par la loi, m'oblige à mon grand regret à la classer parmi les étrangères, telle que d'ailleurs on la trouve dans tous les catalogues.

M. H., 1888, Méd. 3e cl., 1889. Bourse de voyage, 1889, M. H., 1889, E. U., Méd. 2e cl., 1891, et à l'Union des Femmes P. et Sc. Prix Bertaux, 1891, et même, Salon, en 1894, le Prix de l'Union, puis Méd. Or, 1900, E. U.

LEVEL (Mme Helena), née à Rio de Janeiro, M. H., 1896.

MATTE (Mlle Rebecca), née au Chili, M. H., 1900, E. U.

MATTON (Mlle Ida), née à Geffe (Suède), M. H., 1896, M. H., 1900, E. U. Prix de sculpture 1903 à la Société Union des Femmes Peintres et Sculpteurs.

METCHNIKOFF (Mme Olga), née en Russie, Méd. bronze, 1900, E. U.

MILLES (Mlle Ruth), née en Suède, M. H., 1902.

NAOUM-ARANSON (Mme), née à Kreslavka, Russie, Méd. arg., 1900, E. U.

NEJBERG (Mme J.), née à Copenhague, M. H., 1893.

PALMELLA (Mme la duchsse M. de), née à Lisbonne, M. H., 1884-1886.

PEDDLE (Mme C.), née à Terre-Haute (Etats-Unis), M. H., 1900., E. U.

PETERSEN (Mlle N.), née à Copenhague, M. H., 1890.

POWNALL (Mlle M.), née à Leig (Angl.), M. H., 1899.

RIÈS (Mme Th.), née à Moscou, Méd. bronze, 1900, E. U.

RUGGLES (Mlle Th. Al.), née à Boston, M. H., 1890.

SCHWARTZE (Mlle Géo), née à Amsterdam, M. H., 1900, E. U.

TONNESEN (Mlle Amb.), née à Bergen (Norwège), M. H., 1902.

VONNOH (Mme B. Potter), née à Saint-Louis (Etats-Unis), Méd. br., 1900, E. U.

WALLIS (Mlle), Grande-Bretagne, M. H., 1900, E. U.

ŒUVRES ÉRIGÉES

En Places et Monuments Publics.

BERTAUX (Mme *Léon*) Couronnement d'une fontaine monumentale plâtre pour la ville d'Amiens (don Herbet). Cette œuvre a été exposée au Salon de 1865, y a obtenu une Mention Honorable.

BERTAUX (Mme *Léon*), « *La Navigation* » grand fronton pour la nouvelle façade des Tuileries, commande du Ministère des Beaux-Arts, 1865.

BERTAUX (Mme *Léon*), « *St-Philippe et St-Mathieu* », statues en pierre, nouvelle façade de l'église St-Laurent à Paris, 1865, commandée par la Préfecture de la Seine.

BERTAUX (Mme *Léon*), « *Tympan* » de la porte principale de St-François-Xavier à Paris, 1869. Commande de la Préfecture de la Seine.

BERTAUX (Mme Léon), « *La Sculpture* », statue monumentale en pierre, destinée à la façade du Musée de Grenoble. Salon 1872. Commande du Ministère des Beaux-Arts.

BERTAUX (Mme Léon), « L'*Ensevelissement du Christ* », grand haut-relief, marbre, pour l'église des Augustines de Cambrai.

BERTAUX (Mme Léon), « *Dufau* », buste en marbre, pour l'Institut des Sourds-muets.

BERTAUX (Mme Léon) « *Législation* » et deux pendentifs : « *Moïse et Charlemagne* », grand fronton en pierre, exécution pour les Tuileries, Cour du Carrousel, commande du Ministère des Beaux-Arts, 1878.

BERTAUX (Mme Léon) « *Le Peintre Chardin* », statue en pierre pour « l'*Hôtel de Ville* » de Paris, 1880.

BERTAUX (Mme Léon) « *Sophie Arnould* », buste marbre, pour l'Opéra, 1881, commande du Ministère des Beaux-Arts.

BERTAUX (Mme *Léon*) « *Baigneuse* », bronze, pour le Petit Palais, 1882.

BERTAUX (Mme *Léon*) « *François Boucher* », buste marbre, pour l'Opéra, Salon 1885.

BERTAUX (Mme *Léon*) « *Jeune fille au bain* », bronze, pour le Petit Palais, Exposition Universelle, 1889.

BERTAUX (Mme *Léon*) « *Psyché sous l'empire du mystère* », bronze, pour le Petit Palais, Exposition Universelle, 1900.

BERTAUX (Mme *Léon*) « *Vierge et l'Enfant Jésus* », grand marbre, 1900, pour la cathédrale de Sens.

CAZIN (Mme *M.*) Monument, « *Science et Charité* », élevé, en 1893, à Berck-Plage, aux docteurs Cazin et Pérochaud, fondateurs de l'hôpital maritime.

CAZIN (Mme *M.*) « *Souvenir* », grande figure bronze, élevée, en 1885, au cimetière d'Autreau (Pas-de-Calais), pour la famille Adam.

COOPER (Mlle *Douglas*), « *Huit panneaux* » sculptés pour l'Hôtel Windsor Victoria, St Westminster.

COOPER (Mlle *Douglas*), « *Porte monumentale* » sculptée pour l'entrée du cimetière à Blatrenez, Gloucestershire.

CURTOIS (Mme Ella), « *Statuettes* » pour la Cathédale de Lincoln.

COUTAN-MONTORGUEIL (Mme), « *Statue du Travail* », beau groupe inauguré solennellement, le 14 juillet 1884, rue Oberkampf, coin de la rue Gaudelet, à Paris.

COUTAN-MONTORGUEIL (Mme), « *André Gill* », dessinateur, maître de la caricature. Son monument au cimetière du Père-Lachaise a été inauguré le 19 octobre 1887.

COUTAN-MONTORGUEIL (Mme), « *Guindey* », buste de l'héroïque hussard légendaire. Il est né à Laruns, ses concitoyens ont voulu lui rendre un tardif hommage en élevant son buste sur une des places de sa ville natale. L'inauguration a eu lieu à Laruns le 26 septembre 1903, en présence de la famille, des autorités départementales et locales, et d'une foule enthousiaste et émue. L'artiste a recueilli pour cette œuvre des félicitations méritées.

COUTAN-MONTORGUEIL (Mme), « *Hégésippe Moreau* », monument funéraire élevé le 5 avril 1903 au cimetière Montparnasse à la mémoire du délicieux poète que fut ce mort regretté. S'il s'est éteint à l'hôpital de la Charité, dans le dénûment, le 19 décembre 1838, à l'âge de 28 ans ; l'auteur du « *Myosotis* », a laissé de sincères admirateurs de son talent ; aussi ont-ils voulu confier à une femme le monument qu'ils lui destinaient, certains que la délicatesse de son âme saurait rendre à cette pierre froide la vibration de celle du cher mort.

COUTAN-MONTORGUEIL (Mme) « *Le Verrier* », astronome, son buste a été commandé par l'Etat, appartient à l'Institut.

COUTAN-MONTORGUEIL(Mme)« *Vivien* » membre de l'Institut, ce buste appartient à l'Institut.

COUTAN-MONTORGUEIL (Mme) « *La Taglione* » danseuse, buste qu'on peut admirer au Foyer de l'Opéra.

COUTAN-MONTORGUEIL (Mme) « *La Maillard* », artiste célèbre au XVIIIe siècle. Ce buste se trouve aussi au Foyer de l'Opéra.

COUTAN-MONTORGUEIL (Mme) « *Sirius* » statue marbre, figure debout, a été commandée par l'Etat et se trouve au Palais de Mustapha, résidence du Gouverneur d'Alger.

COUTAN-MONTORGUEIL (Mme) « *La Fortune* », statue marbre, à la mairie de Choisy-le-Roi.

FIZELIÈRE-RITTI (Mme *de la*) « *Calabris* », buste monumental, destiné à sa ville natale, Cognac.

GENNADIOS (Mlle *Clé.*) « *Georges Canning* » Philhellène, buste commandé par le gouvernement Hellénique pour la Chambre des Députés.

GENNADIOS (Mlle *Clé.*) « *Nicolas Fabvier* » Général Philhellène, buste commandé par le gouvernement Hellénique, pour la Chambre des Députés.

GENNADIOS (Mlle *Clé.*) « *Georges Canning* » Philhellène, buste placé par le ministre Gladstone au ministère des Affaires Etrangères à Londres.

GABRIELLE - DUMONTET (Mme) « *Væ Victis* », grand haut-relief en bronze de 4 mètres de haut, a été inauguré solennellement le 31 août 1895, à bord du Cuirassé-Amiral « *Le Brennus* »

GIRARDET (Mme *Berthe*) « *La Tourmente* », groupe plâtre, 1904, destiné à un square du département de la Seine.

GOUPY (Mme Vve) « *Monument funéraire* » de Mlle Claude.

HUGUES - ROYANNEZ (Mme *J. Clovis*) « *Buste de la Comtesse de Die* », inauguré à Die, Drôme, en 1888.

HUGUES - ROYANNEZ (Mme *J. Clovis* » Buste de la *Laure de Pétrarque*, inauguré en 1894, à la Fontaine de Vaucluse.

HUGUES - ROYANNEZ (Mme *J. Clovis*) « *Buste de la République* », mairie de Guillestre (Hautes-Alpes), 1904.

LANCELOT-CROCE (Mme) « *Le Roi Emmanuel* », buste marbre, au Sénat Italien.

LANCELOT-CROCE, (Mme) « *Trois grands bas-reliefs* » décorent une salle réservée à la mémoire du Roi Humbert : l'œuvre a été inaugurée solennellement par Leurs Majestés en nov. 1903. Le 1er bas-relief représente « La reine Marguerite » ; le second, le célèbre carré de Villafranca où le Prince Humbert se battit contre les Autrichiens, et enfin, le troisième, d'une façon admirable, le roi Humbert au choléra de Naples.

LANCELOT-CROCE (Mme), « *Général Coseng* », en bronze, inauguré au Ministère de la Guerre de Rome, en grande pompe en 1904.

MATTON (Mlle *Ida*), « *Monument funéraire* » érigé au cimetière de Gefle (Suède), en 1903.

MATTON (Mlle *Ida*), « *Molière* », buste destiné à la loge du Roi, au théâtre dramatique de Stockholm (Suède).

MORIA (Mlle *Blanche*), « *Mme de Sévigné* », buste commandé par l'Etat pour le lycée de jeunes filles de Chambéry.

MORIA (Mlle *Blanche*) « *Hongrois* », grande statue lampadaire exécutée pour la salle des Fêtes de l'Exposition Univ. 1900, où on peut encore l'admirer.

PIRET (Mme *Marie*), « *Henri Lafontaine* » de la Comédie Française, buste élevé sur sa tombe au cimetière de Versailles en 1899.

ROCH (Mlle *Clotilde*), « *Philibert Berthelier* », monument commandé, après concours, par l'Association des Intérêts de Genève.

SYAMOUR (Mme), « *La République* », érigée en 1889 à Chatelneuf, Jura.

SYAMOUR (Mme), « *Voltaire et Christin* », œuvre érigée en 1887 à St-Cloud.

SYAMOUR (Mme), « *Wladimir Gagneur* », à Poligny (Jura), en 1890.

SYAMOUR (Mme), « *Monument funéraire* » de la famille Bloch, au cimetière de Montparnasse en 1899.

SYAMOUR (Mme), « *Ch. Sauria* », inventeur des allumettes chimiques, buste érigé à St-Lothain (Jura), en 1898.

SYAMOUR (Mme), « *Monument à Victor Considérant*, élevé à Salins (Jura), en 1901.

SYAMOUR (Mme), « *Monument à la Famille Dietlin* », de Mulhouse, 1903.

SYAMOUR (Mme), « *Monument à Victor Schœlcher* », élevé à Houilles (Seine-et-Oise), en 1904.

SYAMOUR (Mme), *Monument à la mémoire de Victor Schœlcher* », élevé à Basse-Terre (Guadeloupe), en 1904.

SYAMOUR (Mme), « *Monument à Tony Revillon* », élevé à Paris, 1904.

SYAMOUR (Mme), « *Voltaire* », destiné à Chatenay (Seine-et-Oise) inauguré en janvier 1905.

SYAMOUR (Mme), « *Le Matin* », statue marbre destinée au parc de St-Cloud.

UZÈS (*duchesse Anne d'*) « *Notre Dame de Poissy* », marbre érigé dans l'Eglise de Poissy, en 1889.

UZÈS (*duchesse Anne d'*) « *Emile Augier* », monument érigé à Valence en 1897. L'inauguration se fit sous la présidence du Président de la République, Félix Faure.

UZÈS (*duchesse Anne d'*) « *Jeanne d'Arc* ». bronze doré, élevé à Mousson. L'inauguration eut la présence de l'évêque de Nancy, Monseigneur Turinaz.

UZÈS (*duchesse Anne d'*) « *Le Poète Gilbert* » bronze, inauguré en 1899, à Fontenay-le-Château.

UZÈS (*duchesse Anne d'*) « *Jeanne d'Arc* », bronze, inauguré, en 1901, à Mehun-sur-Yèvre (Loire), et honoré de la présence du Préfet

UZÈS (*duchesse Anne d'*) « *Notre Dame des Arts* », marbre, inauguré en 1899 à Pont de l'Arche.

UZÈS (*duchesse Anne d'*) « *Notre Dame des Arts* », marbre, inauguré à Reims, en octobre 1904.

UZÈS (*duchesse Anne d'*) « *La statue de Saint Hubert* », pierre, récompensée au Salon, 1886, de la M. H., est à l'église du Sacré-Cœur de Montmartre, Paris.

UZÈS (*duchesse Anne d'*). La reproduction en marbre de la statue de *Saint Hubert* a été exécutée pour le Canada.

VÉDIE (Mme *Marguerite*) « *Jules Prior* », tonnelier-poète, ce buste est destiné à sa ville natale, Beaumont-le-Royer.

ŒUVRES ACQUISES

Par l'Etat, Villes et Administrations.

Œuvres de Mme Bertaux Léon.

« *Bénitier* » bronze, ayant figuré au Salon de 1859, a été acquis par l'Etat.

« *Groupe monumental en bronze* » (Tronc), pendant du Bénitier précédent, a été également acquis par l'Etat.

« *Assomption de la Vierge* » grand haut-relief, bronze, acquis par l'Etat.

« *Navigation* » exécution pour la nouvelle façade des Tuileries d'un grand fronton sur le bord de l'eau, commande du Ministère des Beaux-Arts, 1864.

« *Saint Philippe et Saint Mathieu* », deux statues en pierre exécutées pour la nouvelle façade de l'église Saint-Laurent à Paris, commande de la Préfecture de la Seine, en 1865.

« *Jeune Captif* » statue marbre, ayant obtenu au Salon de 1867 une Médaille. L'œuvre a été acquise par l'Etat.

« *Exécution du Tympan* » de la porte principale de Saint-François-Xavier, exposée à l'Exposition Universelle de 1869, commandée par la Préfecture de la Seine.

« *La Sculpture* », statue monumentale en pierre, pour la façade du Musée de Grenoble, commande du ministère des Beaux-Arts.

« *Jeune fille au bain* », statue plâtre. Cette œuvre a obtenu une médaille qui met désormais l'éminente artiste Hors Concours. Ce véritable joyau d'art a été acquis par l'Etat. Salon 1873.

« *L'Ensevelissement du Christ* », grand haut relief, marbre, exécuté pour l'église des Augustins de Cambrai.

« *Dufau* », buste en marbre, pour l'Institut des Sourds-Muets.

« *Jeune fille au bain* », marbre. Exposition Universelle, 1877. Acquis par l'Etat.

« *La Législation* », et deux pendentifs : « *Moïse et Charlemagne* » grand fronton en pierre, pour les Tuileries, cour du Carrousel, commande du ministère des Beaux-Arts, 1878.

« *Le peintre Chardin* », statue en pierre, pour l'Hôtel de ville de Paris, 1880.

« *Sophie Arnould* », buste marbre pour l'Opéra, acquis par le ministère des Beaux-Arts, 1881.

« *Baigneuse* », bronze pour le Petit Palais.

« *François Boucher* », buste marbre, pour l'Opéra, propriété du ministère des Beaux-Arts.

« *Psyché sous l'empire du mystère* », plâtre original. Cette œuvre a obtenu à l'Exposition universelle de 1889 la médaille d'or de première classe.

« *Jeune fille au bain* », bronze, même Exposition 1889, acquis pour le Petit Palais.

« *Psyché sous l'empire du mystère* », bronze, Exposition Universelle de 1900, acquis pour le Petit Palais.

Œuvre de Mlle BISSON, Juliette.

L'Etat a acheté l'œuvre qui a obtenu une M. H. en 1900, E. U.

Œuvre de Mlle BIZARD, Suzanne.

« *Vers l'Idéal* », statue qui a obtenu la M. H. en 1900 a été acquise par l'Etat.

Œuvres de Mme CAZIN, Marie.

« *Les Evangélistes* », plâtre acquis pour le Musée de Rennes en 1886.
« *David* », bronze acquis par l'Etat pour le Musée du Luxembourg en 1890.
« *Les Orphelins* », bronze acquis par l'Etat pour le Musée du Luxembourg en 1900.

Œuvre de Mlle COLOMBIER, Amélie.

« *Général Pittié* », buste commandé par l'Etat pour le Musée de Nevers, lieu de naissance du général.

Œuvres de
Mme COUTANT-MONTORGUEIL.

« *Le Verrier* », astronome, buste, propriété de l'Institut, commandé par l'Etat.
« *Vivien* », buste, propriété de l'Institut.
« *Sirius* », statue marbre, figure debout, commande de l'Etat pour le palais de Mustapha, résidence du Gouverneur d'Alger.

Œuvres de Mme FULPIUS, Elisabeth.

« *Eugène de Restzoff* », acheté par la ville de Genève pour son Musée.

Œuvres de Mme GIRARDET, Berthe.

« *La Tourmente* », groupe plâtre, Salon 1904, acheté par le département de la Seine pour être placé dans un square.
« *La Vieille* », buste bronze acquis par la Confédération Suisse.
« *L'Enfant malade* », groupe marbre acheté par la Ville de Paris.
« *La bénédiction de l'aïeule* », achetée par l'Etat.

Œuvre de Mlle GRANGER, Geneviève.

« *Médaillon de l'Empereur d'Allemagne* », commandé par lui. Salon 1904.

Œuvre de
Mme Clovis HUGUES-ROYANNEZ

« *Jeanne de Valbelle* », statue plâtre, souvenir du siège de Marseille, bataille des dames, appartient aux Félibres.

Œuvre de Mlle JOUVRAY, Madeleine.

« *M. Vaussenat* », astronome et fondateur d'un observatoire au Pic du Midi (Pyrénées), commandé par l'Etat en 1897.

Œuvres de Mme LANCELOT-CROCE

« *Le Champagne* », Salon 1889, M. H., acheté par l'Etat.

« *La Chasse* », Salon 1894, acquis par l'Etat.

« *Les Femmes de France célèbres* », (un collier), Salon 1898, acquis par l'Etat.

« *La Famille* », Salon 1891, acquis par l'Etat, bas-relief ayant obtenu une Médaille 2e classe à la Société des Artistes Français, et au Salon de l'Union des Femmes Peintres et Sculpteurs, le Prix de Sculpture de Mme Léon Bertaux.

« *Quatre Vases* », exécutés pour la manufacture de Sèvres.

Œuvres de Mlle MORIA, Blanche.

« *Vieille Italienne* », buste bronze acheté par l'Etat, 1891, pour le Musée de Grenoble.

« *Mme de Sévigné* », buste, commandé par l'Etat, 1895, pour le lycée de jeunes filles de Chambéry.

« *Vers l'Infini* », modèle plâtre, grand bas-relief, acheté par l'Etat en 1899.

« *Vers l'Infini* », marbre, acheté par l'Etat en 1900, et destiné au Musée de Nantes.

Œuvres de Mme SYAMOUR

« *Diane* », statue plâtre, acquise par l'Etat.

« *La France Nouvelle* », plâtre, acquis par l'Etat.

« *Médaillon de la République* », pour les Ecoles, acquis par l'Etat.

ŒUVRES

Appartenant aux Musées.

Œuvres de Mme BERTAUX Léon.

« *Jeune Captif* », statue marbre, Musée de Nantes.

« *Le Printemps* » buste marbre, acquis en 1875 par le Musée de Châlon-sur-Saône.

« *Jeune fille au bain* », bronze, au Petit Palais, Musée de la Ville de Paris, 1889.

« *Psyché sous l'empire du mystère* » au Petit Palais, Musée de la Ville de Paris, 1900.

« *Jeune fille au bain* », marbre, 1876, Musée du Luxembourg.

« *Jeune Captif* » bronze, Musée d'Autun, 1878.

« *Psyché sous l'empire du mystère* » statue marbre, propriété de l'Etat, Musée du Luxembourg, 1889.

Œuvres de Mme CAZIN Marie.

« *Les Evangélistes* », plâtres, achetés pour le Musée de Rennes, en 1886.
« *David* », bronze, acheté par l'Etat, en 1890, pour le Musée du Luxembourg.
« *Les Orphelines* » bronze, acheté par l'Etat, en 1900, pour le Musée du Luxembourg.

Œuvres de Mlle COLOMBIER Amélie.

« *Arsène Houssaye* », littérateur et ancien directeur de la Comédie Française. Ce buste est placé au Foyer du Théâtre Français.
« *Carmencita* », la maquette, se trouve au Foyer du Théâtre municipal de la Gaîté.

Œuvres de Mme COUTAN-MONTORGUEIL

« *La Source* » au Musée de Douai.

« *La Source* », marbre qui fut pendant l'Exposition de 1900 placé à l'Elysée, aujourd'hui au Musée de Bourges.

« *Buste marbre* », au Petit Palais, Musée de la Ville de Paris.

« *La Fortune* », réduction, mise au Musée de Sèvres.

Œuvres de Mme de la FIZELIÈRE-RITTE

« *Cosette* », statue plâtre, Musée de Besançon, 1902.

« *La Sachette* », acquise par le Conseil municipal en 1903 pour le Musée de Victor Hugo.

Œuvre de Mlle FULPIUS, Elisabeth.

« *Eugène de Restzoff*, », au Musée de Genève, 1903.

Œuvre de Mme GABRIELLE-DUMONTET

« *La Force enchaînée* », grand marbre, se trouve au Musée de Bordeaux, 1901.

Œuvre de Mme GIRARDET, Berthe.

« *La Vieille* », buste bronze, au Musée de Neuchâtel, Suisse.

« *L'Enfant malade* », groupe marbre, placé au Petit Palais.

« *La Bénédiction de l'aïeule* », Musée de la manufacture de Sèvres. Salon 1902.

Œuvres de Mlle GRANGER, Geneviève.

« *Portrait de ma Mère* », plaquette étain, au Musée du Luxembourg.

« *Portrait de Mlle Waltz* », plaquette argent, Musée du Luxembourg.

« *Portrait de Miss Mabel Masson* », plaquette argent, Musée de Luxembourg.

« *Portrait de mon Père* », Musée du Luxembourg.

« *Portrait de petite fille* », Musée du Luxembourg.

« *La Paix* », Médaille bronze, Musée du Luxembourg.

« *Océan* », plaquette argent, Musée du Luxembourg.

« *Portrait de Mme Waltz* », Musée du Luxembourg.

« *Portrait de l'auteur* », Musée du Luxembourg.

Œuvre de Mme HALLER, Gustave.

« *Prince Stirbey* », buste bronze, cire perdue. Ce buste se trouve au Musée de Valenciennes au milieu des œuvres de *Carpeaux*, dont le prince fut le bienfaiteur.

Œuvre de Mlle JOUANNY, Marthe.

« *Vase monumental* », en grès flammé, exécuté à Sèvres, de forme originale, s'admire au Musée de Limoges.

Œuvres de Mlle JOUVRAY, Madeleine.

« *Tête de Vieillard* », plâtre, au Musée de Pau.

« *Douleur d'âme* », plâtre, Salon 1889, où il obtint une M. H., se trouve au Musée de Gray (Haute-Savoie).

« *Tête douloureuse* », marbre, Salon 1888, se trouve au Musée de Lille.

« *Bacchante* », bronze, 1886, fut achetée par la baronne Nathaniel de Rothschild qui en fit don au Musée de Compiègne.

Œuvres de Mme Egl. LEMAITRE, née ROBERT-HOUDIN.

« *Un Hallali* de sanglier », grand panneau décoratif, en haut-relief, Salon de 1889, figure au château de Blois, salle des Amis des Arts de Loir-et-Cher.

« *Apporte !* », chien grandeur nature, plâtre bronzé, Salon de 1892, est placée dans les salles de la partie Louis XII du château de Blois.

« *Briquets à la Curée* », chiens, grandeur nature, Salon 1893, même emplacement.

« *Devant les tisons* », groupe de deux chiens, albâtre, Salon 1894, même emplacement.

« *Chasse gardée* », groupe cynégétique, albâtre, Salon 1896, même emplacement.

Œuvres de Mlle MONGINOT, Charlotte.

« *Une Amazone* », Salon de 1898, appartient au Musée de Troyes.

« *Titan foudroyé* », Salon de 1902, au Musée de Gray (Haute-Saône).

Œuvres de Mlle MORIA, Blanche.

« *Vieille Italienne* », bronze, acquis par l'Etat 1891 pour le Musée de Grenoble.

« *Vers l'Infini* », marbre, acheté par l'Etat en 1900 pour le Musée de Nantes.

Œuvres de Mme SYAMOUR.

« *Sapho* », statue marbre, au Musée d'Amiens.

« *Méditation* », statue marbre, au Musée de Besançon.

« *Sapho* », statue plâtre, au Musée de Lons-le-Saunier.

Œuvres de Mme THOMAS-SOYER.

« *Vache et Veau* », au Musée de Nevers.
« *Chien et Vipère* », au Musée de Châlons.
« *En Vedette* », bronze, au Musée de Troyes.
« *Cerf et Lévrier* », plâtre, au Musée de Troyes.
« *Combat de Chiens* », plâtre, au Musée de Troyes.
« *La Garde* » (chien de berger et mouton), au Musée de Nantes.
« *Hérault d'armes* », Musée de Bourges.
« *Chasseur et Braconnier* », Musée de Sémur.
« *Alerte* », sangliers, Musée d'Orléans.
« *Famille de Renards* », Musée d'Orléans.
« *Chien couché* », au Musée de Gray.

Œuvre de la duchesse D'UZÈS.

« *Jeanne d'Arc* », Musée de Jeanne d'Arc à Orléans.

BUSTES
de Sommités Artistiques, Scientifiques ou Politiques.

Œuvre de Mme de BAILLEHACHE, vicomtesse.

Le vicomte de la Jaille.

Œuvres de Mme BERTAUX, *Léon.*

Mlle Constant Dufeu, sèvres. Cette œuvre a valu à l'auteur une Médaille au Salon de 1867.
Dufau, buste en marbre, destiné à l'Institut des Sourds-Muets, Salon 1877.
Chardin, peintre, statue en pierre, qu'on peut admirer à l'Hôtel-de-Ville de Paris, 1880.
Sophie Arnould, buste, marbre, Salon 1881, placé à l'Opéra.
Louise Belloc, buste, marbre, 1881.
François Boucher, buste, marbre, 1885, placé à l'Opéra.

Œuvres de Mlle BIZARD, *Suzanne.*

Saint-Mesmin (M. de) du *Figaro*, 1893.
Hugues Lapaire, poète berrichon, 1901.

Œuvres de Mme BUFFON.

M. Elie de Poliakoff, buste, marbre, 1902.
M. Daubrée, buste, plâtre, 1904.

Œuvres de Mlle CASINI, *Amélie.*

Mlle Lucie Lorian, roumaine, buste.
M. Carnot-Pauchet, buste.

Œuvre de Mlle *de* CHARDONNET.

Le comte Henri de Ruolz, buste, Salon de l'Union des Femmes, 1904.

Œuvres *de* Mlle COLOMBIER, *Amélie.*

Prince de Sagan, buste, Salon 1900.
Ed. Drumont, buste.
Déroulède, buste.
Mansard, buste, directeur de la *Patrie.*

Œuvre *de* Mlle COOPER (*Douglas*)

M. Christopherson, chanoine de la Cathédrale de Iruro, buste grandeur nature.

Œuvres *de* Mme COUTAN-MONTORGUEIL

Jules Jouy, chansonnier, buste.
E. Ledrain, professeur au Louvre, buste.
Général Boulanger, buste.
Mlle Renée Richard, de l'Opéra.
Séverine, journaliste.
Juliette Dodu.
Georges Maldague.
Chautemps, ministre des Colonies, buste.
Achille, Conseiller municipal, buste.
Blondel, Conseiller municipal, buste.
Jean Desbrosses, peintre, buste, 1904.
Eugène Baillet, poète, buste, 1904.
Comtesse de Vogüé, buste.
Comtesse de Choiseul, buste.
Le Verrier, astronome, buste commandé par l'Etat, appartient à l'Institut.
Vivien, membre de l'Institut, ce buste appartient également à l'Institut.

La Taglione, danseuse, buste placé au Foyer de l'Opéra.

La Maillard, artiste célèbre au XVIIIe siècle. Cette œuvre se trouve au Foyer l'Opéra.

Œuvre *de* Mme CRANNEY-FRANCESCHI

Mlle *Leconte*, de la Comédie Française, buste, marbre, Salon 1904.

Œuvres *de* Mme *de la* FIZELIÈRE-RITTI

Jules Lacroix, traducteur de Sophocle, médaillon ayant figuré à l'Exposition des Écrivains Français en 1893.

Paul Lacroix, bibliophile Jacob, à figuré à la même Exposition.

E. Clerc, journaliste et auteur dramatique, Salon 1890.

H. Stupuy, Conseiller municipal, Salon 1892.

Maurice Drack, romancier, Salon 1894.

Ritti (Ant.), médecin de la Maison Nationale de Charenton.

Œuvres de Mlle DE FRANCA, *Julietta*

Serzedello-Correa, docteur, ancien Ministre à Rio-Janeiro. Cette œuvre lui a été offerte par le Peuple. Une fête toute d'enthousiasme patriotique a marqué la remise de ce buste.

Lemos, senador, Président de l'État de Para (Brésil). Ce buste a été commandé par la municipalité.

Œuvres de Mlle GRANGER, *Geneviève*

Guillaume II, empereur d'Allemagne, médaillon commandé par lui, Salon de 1904.

Mlle Mouret, des Bouffes-Parisiens, médaillon.

Œuvre de Mlle GENNADIOS, *Cléonice*

Delyanis, Ministre plénipotentiaire de Grèce, médaillon.

Œuvres Mme Vve GOUPY

Mlle Dervatine, buste.
Clavon de Trelon, buste.
Mlle Gallot, buste.
Mme Marugg, buste.

Œuvres de Mme HUGUES-ROYANNEZ,
J. Clovis

Clovis Hugues, député, buste.
A. Royannez, buste.
Gatineau, avocat, buste.
Cipriani, Amilcar, tribun italien, buste.

Œuvre de Mlle JOUVRAY, *Madeleine*

M. Vaussenat, astronome et fondateur d'un observatoire au Pic du Midi, œuvre commandée par l'Etat.

Œuvres *de* Mme LANCELOT-CROCE

Prince Galitzine, médaillon.
Docteur Pinard, médaillon.

Mgr Langénieux, cardinal.
Mgr l'Evêque de Troyes.
Comtesse de Vogüé, mère, médaillon.
Lord R. Gower, médaillon.
Léon XIII, médaille exécutée pour son jubilé.

Œuvre de Mlle *Ida* MATTON

Molière, buste, marbre, destiné à la loge du Roi, au théâtre dramatique de Stockholm.

Œuvre *de* Mme PELTIER, *Thérèse*

Marc Berly, dans son rôle de St Guillaume, Salon des Femmes Peintres et Sculpteurs, 1904.

Œuvre de Mlle PFEIFER, *Clara*

Mac Kinley, Président des Etats-Unis, Salon 1904.

Œuvre de Mme PIRET, *Marie*

Lafontaine, Henri, de la Comédie Française, buste placé au cimetière de Versailles.

Œuvre *de* Mme SHAW

Henri Bruce Amstrong, Salon 1904.

Œuvre *de* Mlle TONNESEN

Johan Christian Dahl, professeur, Salon 1902.

Œuvres de Mlle DE VÉRIANE, *Renée*

M. Motono, son Excellence, Ministre plénipotentiaire du Japon, statuette bronze, Salon 1904.
Santos-Dumont, buste, plâtre teinté, Salon de 1902.

Œuvres *de* Mme E. VIARDOT

Henry Maret, député, buste.
Ernest Renan, buste.
Victor Hugo, buste.
Emile Zola, buste.
Wagner, buste.
Berlioz, buste.
Gustave Charpentier, buste.
Camille Flammarion, buste.

Œuvre *de* Mlle WEBER, *Ella*

M. Baër, buste, Salon 1902.

GALERIES PARTICULIÈRES

CAZIN (Mme *Marie*) « *Bœuf qui se lèche* », bronze, appartient à Coquelin aîné.

CAZIN (Mme *Marie*) « *Cyrano de Bergerac* », appartient à Coquelin aîné.

CASINI (Mlle *A.*) « *La Prière* », œuvre récompensée, M. H., 1887 et M. H. E. U. en 1889, est la propriété de M. Nouvion.

CASINI (Mlle *A.*) « *Série de Masques* », vendue à M. E. Lagrange, pour la galerie de son château de Chapuis (S.-et-M.).

CASINI (Mlle *A.*) « *Il ne fait plus clair* », bronze, exposé au Salon, vendu à M. E. Lagrange.

CASINI (Mlle *A.*) « *La Prière* », terre cuite, vendue à M. Fillot.

CASINI (Mlle *A.*) « *Le bonnet du Petit Frère* », plâtre, vendu à M. Carnot-Pauchet.

COLOMBIER (Mlle *A.*) « *Carmencita* », acheté au Salon 1903, se trouve dans la galerie de M. Higgins à New-York.

FRANCA (Mlle *J.* DE) « *L'Enfant à l'épine* », statue, plâtre, achetée en 1901 par M. Montenegro, Président de l'État de Para (Brésil), pour sa galerie.

GRANGER (Mlle *Geneviève*) « *Guillaume II* », Empereur d'Allemagne, médaillon commandé par lui pour sa galerie particulière.

LANCELOT-CROCE (Mme) « *La Famille* », Salon 1891, bas-relief, a été acquis par le baron de Rothschild.

LANCELOT-CROCE (Mme) « *La Chasse* », bas-relief, Salon 1894, a été acquis par le baron de Rothschild.

LANCELOT-CROCE (Mme) « *La femme et ses destinées* », bas-relief, Salon 1894, acquis par le baron de Rothschild.

LANCELOT-CROCE (Mme) « *Crucifix* » en marbre blanc sur croix marbre rouge, exécuté en 1904 pour la Reine-Mère d'Italie.

LANCELOT-CROCE (Mme) « *Un tryptique* » avec émaux, pierres fines, exécuté en 1904 pour la Reine-Mère d'Italie.

LANCELOT-CROCE (Mme) « *Médaille de Mariage* » du roi actuel d'Italie, en 1896.

LANCELOT-CROCE (Mme) « *Médaille de M. Loubet, Président de la République* », offerte par le ministre des Affaires Etrangères en souvenir du voyage qu'il fit en Italie. L'œuvre fut commandée par le Gouvernement Italien.

LEMAITRE (Mme *Egl., née Robert-Houdin*) « *Populo* », bouledogue, exécuté en 1891 pour le parc de la Cocherie, près de Blois, propriété de Me Ernest Petit, avocat.

LEMAITRE (Mme *Eglantine*) « *Coup double* », groupe cynégétique, grandeur nature, vendu au Salon même de 1887 à Sir Franck Waterhouse, à Londres, pour sa galerie.

LEMAITRE (Mme *Eglantine*) « *Au coup de fusil* », se trouve dans une galerie particulière d'un amateur artistique à New-York.

ROCH (Mlle *Clotilde*) « *Derniers rayons* », Salon 1904, se trouve dans la galerie du docteur Fatte, de Lausanne.

SYAMOUR (Mme) « *Vision* », buste, marbre, acquis par le baron de Rothschild.

ŒUVRES ÉDITÉES

---

de Mlle BERTRAND *Charlotte*

Le coq en tenue de combat, chez Hesse.
Le coq défendant sa manne, » »
Souris à la plume, » »
Une broche, orfévrerie, chez Leverrier.
Un tigre couché, chez Goldscheider.
Un jeune éléphant, chez Duval.
Souris à la plume, chez Lourioux, porcelainier.

de Mme BORGEAUD-STIENZ

Méditation, médaille, édité par la Monnaie.

de Mlle COLOMBIER *Amélie*

Carmencita, réduction en marbre et bronze, chez Goldscheider.
Carmencita, en biscuit, éditée par la Manufacture de Sèvres.

de Mme de la FIZELIÈRE-RITTI

Fabiola, plaquette d'après le tableau d'Henner, éditée, en bronze, par la Maison Pinedo.

Méphisto, fantaisie bronze, par la même Maison.

Roméo, fantaisie bronze, par la même Maison.

de Mme GABRIELLE-DUMONTET

La Petite Fadette, bronze, Salon 1892, chez Siot-Decauville.

« *Væ Victis* », bronze, chez Barbedienne.

« *L'Enfant à la tire-lire* », bronze, Salon 1894, chez Espié.

de Mme GIRARDET, *Berthe*

La Bénédiction de l'Aïeule, grès, Manufacture de Sèvres, Salon 1902.

Le départ de l'Islandais, bronze, chez Barbedienne

de Mme GRUGER-CAILLEAUX

Flèche d'eau, vase, édité par Goldscheider.
Grisélidis, buste, « « «
En prière, buste, édité par l'établissement Céramique de Charenton.
Rire et grimace, édité par l'établissement Céramique de Charenton.
La Sculpture, 1/2 nature, par l'établissement Céramique de Charenton.

de Mlle HÉLO

Pêcheur (*gros temps*), bronze, Salon 1904, par Sorin.

de Mlle JOUVRAY, *Madeleine*

La Source », statuette, éditée par Tiébault.

de Mme LANCELOT-CROCE,

4 vases, commandés par la Manufacture de Sèvres.

de Mme LEMAITRE, *Eglantine*, née ROBERT-HOUDIN

Au coup de fusil, groupe cynégétique grandeur nature, Salon 1890, édité par le Comptoir Gén. des Fontes d'Art à Bussy (Haute-Marne).

Dick, Setter Irlandais, Salon 1894, même éditeur.

Renard défendant sa proie, groupe grandeur nature, Salon 1899, édité par la Société des Céramiques pour les grès flammés de Mer (Loir-et-Cher).

Différents modèles de Chats, édités par la même Maison.

Au coup de fusil — Dow ! Stopp ! réduction, éditée par la Société Parisienne des Céramiques de Charenton.

Modèles et sujets différents, créés spécialement pour cette même Maison.

de Mlle MILLÈS, *Ruth*

Yvonne, éditée par Blot.

4 Petites Statuettes bronzes, exposées à l'Exposition de Saint-Louis, 1904, y ayant obtenu une Médaille d'argent, sont éditées par la Maison Blot.

de Mlle MORIA, *Blanche*,

La Maison Hachette a édité des modèles commandés pour l'Enseignement.

de Mme SYAMOUR,

Dame aux Camélias, éditée par la Manufacture de Sèvres.
Vision, éditée par la Société Parisienne de Céramique.
Bacchante, éditée par la même Société.
L'Écolière, » » »
Dame aux Camélias, » »
Mignon, éditée par Goldscheider
Roses Trémières, » »

de Mme THOMAS-SOYER,

La Vedette, éditée chez Thiébaut.
Lévriers russes, » »
Vases décoratifs, avec anneaux »
Le Guet (chat), édité chez Siot-Decauville.

de *la Duchesse* D'UZÈS,

Jeanne d'Arc, de Mehun, éditée en marbre.
Notre-Dame de France » »

ŒUVRES

Editées en Cartes postales et photographies.

Les cartes postales ayant acquis une réelle valeur aux yeux des collectionneurs sérieux, je me fais un plaisir d'énumérer celles choisies parmi les œuvres remarquées des Femmes aux divers Salons et qui ont, pour cette raison, été éditées par des maisons s'occupant d'Art.

« *Le Jury de Sculpture* » du Salon 1903, dont fait partie Mme Léon Bertaud.

« *L'Honneur et l'Argent* », Salon 1903, œuvre de Mlle S. Bizard.

« *Carmencita* », carte postale par Delmasure, œuvre de Mlle A. Colombier.

« *Carmencita* », photographie, Maison Goupil, œuvre de Mlle A. Colombier.

« *Carmencita* », photographie, Maison Neurdain, œuvre de Mlle A. Colombier.

« *La Tourmente* », carte postale, Salon de 1904, œuvre de Mlle B. Girardet, par Raphaël Tuck.

« *Après le meurtre* », dans le *Figaro* illustré, Salon 1901, œuvre de Mme Gruyer-Cailleaux.

« *La Sculpture* », carte postale, Salon 1903, œuvre de Mme Gruyer-Cailleaux.

« *L'Histoire attend* », Salon 1902, éditée par Fiorillo, œuvre Mme Gruyer-Cailleaux.

« *L'Anémone* », Salon 1904, œuvre de Mlle Blanche Laurent.

« *Gavroche* », œuvre de Mlle B. Moria, éditée par Tuck.

« *Vers l'Infini* », œuvre de Mlle B. Moria, éditée par Fiorillo.

« *Premières fleurs* », Salon 1904, œuvre de Mlle Amélie Rozet.

« *Emile Augier* » (monument d'), œuvre de la duchesse d'Uzès.

EXPOSITIONS

de Province et de l'Étranger.

CASINI (Mlle *Amélie*) a envoyé diverses œuvres à Rennes, St-Brieuc, Paramé, Perpignan, Brest, etc.

CAZIN (Mme) expose en Belgique, Russie, aussi à Chicago.

COOPER (Mlle *Douglas*) expose non-seulement à Paris, mais aussi aux expositions d'Art du « Royal Bornwal Polytechnie, Society » de Londres.

CURTOIS (Mme *Ella*) expose également à Londres.

DOWNING (Mlle) fait des envois à Tarbes, à l'Académie de Londres, à Liverpool.

FIZELIÈRE-RITTI (Mme *de la*) à Rouen, Monaco, Blois, St-Mandé, aussi à Charenton.

FULPIUS (Mlle *Elisabeth*) à l'Exposition de Genève.

FRANCA (Mlle *de*) expose au Salon de Rio de Janeiro, à Paris, au Salon National des Beaux-Arts.

GABRIELLE-DUMONTET (Mme *Laval*) a fait un envoi à l'Exposition des Arts de la Femme, au Palais de Cristal, à Londres, en 1900.

GRANGER (Mlle *Geneviève*) à Bordeaux, Périgueux, Versailles.

GRUYER-CAILLEAUX (Mme *Marie*) expose à Paris-Province, où en 1899, elle a obtenu une 2e Médaille.

JOUANNY (Mlle *Marthe*) expose à Limoges où elle a obtenu les plus honorifiques récompenses.

JOUANNY (Mlle *Léontine*) expose à Limoges, où elle a obtenu le Grand Prix d'honneur.

LEMARCHAND (Mme) expose à Rouen.

LEMAITRE (Mme *Eglantine, née Robert-Houdin*) a exposé à différentes reprises à Nice, Boulogne, Châteauroux, Romorantin, et enfin à Versailles, où elle a obtenu, en 1887, une Médaille d'argent.

LUNN (Mlle *Agnès*) expose à Copenhague, Vienne, Dresde, Gottingue et Kiel.

MANONVILLER (Mme) à la Société d'Horticulture de Montreuil-sous-Bois.

MORIA (Mlle *Blanche*) a exposé à Tunis, où elle est Hors Concours ; puis encore, avec succès, à Versailles, Rouen, Nantes, Roubaix, Lille, Monte-Carlo, Londres, St-Pétersbourg, St-Louis.

MILLES (Mlle *Ruth*) à la Société des Artistes Autrichiens à Vienne, aussi à la Société des Artistes Suédois à Stockholm.

ROCH (Mlle *Clothilde*) expose au Salon Suisse et à l'Exposition des Beaux-Arts à Genève.

FEMMES

Professeurs de Sculpture, Modelage et Gravure.

BERTAUX (Mme Léon), Hors Concours.

BERTRAND (Mlle Ch.), professeur à l'Association Philotechnique, Animalier, Cours de Modelage, 24, av. du Bel Air.

BOERO (Mlle Nilda), 173, Boul. Pereire.

CASINI (Mlle Amélie), M. H., 1887, 221, Boul. Raspail.

FULPIUS (Mlle) M. H., 1902 (Gravure), 27, av. du Maine.

GOUPY (Mme Vve) Spécialité Modelage des fleurs, 7, Gustave Nadaud, Passy.

GRANGER (Mlle G.), M. H., 1899, Méd. 1901. Grav. Méd., 22, Denfert-Rochereau.

GRUYER-CAILLEAUX (Mme M.), M. H., 1898, 9, rue Duperré.

JOUANNY (Mlle Marthe), Diplôme de l'Etat, à Montauban.
JOUANNY (Mlle Léontine), à Montauban.
JOUVRAY (Mlle Mad.), M. H., 1889, 47, rue Blomet

LEMARCHAND (Mme), 5, rue Lemercier.
LOMBARD (Gabrielle), Méd. bronze pour le professorat en 1903, 24, rue Rebeval.

MORIA (Mlle Blanche), M. H., 1892. Prix Ocampo 1894, Méd. bronze 1900, E. U. Prix Piot, 1900, E. U. Méd. bronze en 1889, comme collaboratrice de l'Enseignement. Elle a ouvert un cours qui porte le nom de « L'Ecole Moderne », les lundis et jeudis, 4 *bis*, rue des Réservoirs (Trocadéro).

PIRET (Mme Marie), professeur de Modelage, aussi des Cuirs d'Art, 18, rue du Mont-Cenis.

NOMS

et adresses des Femmes Sculpteurs.

AGUTTES (Mme), 11, rue Solférino.

ALBAZZI (Comtesse de Kwiatkowska), 78, rue Laugier.

AMEEN DE SPARRE (Marthe), 6, aven. Grande-Armée.

ARON-CAEN (Mme Louise), 8, rue Milan.

AROSENIUS (Mlle Karin).

ARNAULD (Mlle M. J.), 5, av. Ph. Leboucher à Neuilly.

AUBRY (Mme Madeleine), 6, av. Hoche.

BAGG (Mlle Louise), 2, rue Pierre Charron.

BAILEHACHE (Mme la vic. de), 12, Boul. Pereire.

BARON (Mme H. Wicky), 12, rue Ganneron.

BARLUET (Mlle M. A.), 8, rue du Four.

BERNHARDT (Mme Sarah), 56, Bd Pereire.
BERTAUX (Mme Léon), Château de Lassay (Sarthe).
BERNARD (Mme Ch. G).
BEAUMONT (Mme Mary), 6, Boul. du Sud, Avranches.
BERTRAND (Mlle Charlotte), 24, av. du Bel Air.
BEUVELET (Mme Anaïs), passage Lemonnier, à Liège.
BEAUDENEAU (Mlle Marie), 9, rue de Douai.
BEETZ (Mme Elisa), 18, Impasse du Maine.
BENEDICKS-BRUCE (Mme C.).
BEVERIDGE (Mlle Kuhne).
BIANCHI (Mme Mathilde), 6, rue de Jean-Goujon.
BISSON (Mme Juliette), 39, rue Condorcet.
BIZARD (Mlle Suzanne), 62, rue Bargue, XVe.
BLANCHON (Mlle Marg.), 7, rue Saint-Lazare.
BLOCH (Mme Elisa), 5 *bis*, rue Labouteux.
BLOUME (Mme, née Brunel), 6, rue du Pavillon, à Boulogne.

BOCQUILLON (Mlle B.), 52, rue Pixerecourt.

BOERO (Mlle Nilda), 173, Boul. Pereire.

BORGEAUD-STRENZ (Mme), 71, rue Vaugirard.

BOSCH-REITZ (Mlle).

BOIS (Mlle Roberte du), 7, rue Marguerite.

BOURSIER (Mme Th. Bellet), 101, Grande-Rue, Boulogne-sur-Mer.

BOUREY (Mme M. L.), 90, avenue des Ternes.

BOVERIE (Mme C., née Berger), château Schaken, Joinville-le-Pont.

BRICARD (Mlle), 37, rue de Naples.

BRACH (Mme Malvina), 76, rue de Rome.

BRIDES (Mme J.), 24, rue de la Véga.

BUFFON (Mme Nadille de), 11, Boul. Clichy.

BRUCE (Mme).

CASINI (Mlle Amélie), 221, Boul. Raspail.

CASSAVETTI (Mme) Marie).

CASSAVETTI-ZEMBACCA (Mme).

CAVAILLON (Elisée), 3, rue de Bretonvilliers.

CANDELON (Mlle J. A.), 9, aven. du Château, Maisons-Laffitte.

CANDELON (Mlle Agnès), 5, avenue de Poissy, Maisons-Laffitte.

CAZIN (Mme Marie), 6, rue du Regard, VIe.

CHOLET (Mme la Comtesse de), 64, av. du Bois de Boulogne.

CHATROUSSE (Mlle J.), 21, rue de l'Odéon.

CLAUDEL (Mlle Camille), 19, quai de Bourbon.

CHARDONNET (Mlle A. de), 43, rue Cambon.

CLÉMENT-CARPEAUX (Mme Louise), 39, Boul. Excelmans.

COLOMBIER (Mlle Amélie), 9, cité Malesherbes.

CONKLING (Mme), 12, rue du Bouquet de Longchamps.

COOPER (Mlle Douglas), 140, Elenn Park, Chelsea, Londres.

COLEBROOKE (Mme Alex), 15, Boul. Berthier.

CORNU (Mme C. Vital), 15, rue Hégésippe Moreau.

COUTAN-MONTORGUEIL (Mme L.), 31 *bis*, rue Victor Massé.

COUTANT (Mme N.), 13, Chaussée de la Muette.

CURTOIS (Mlle Ella), 152, rue Vaugirard.

CRANNEY-FRANCESCHI (Mme M.), 93, Faub. St-Honoré.

CURTIS-HUXLEY (Mme), à Palmyre, Amérique.

DALBOY (Mme B. C.), 14, av. Alphand, à St-Mandé.

DAILLION (Mme P., née d'Annunzio), 77, rue Denfert-Rochereau.

DEMAGNEZ (Mlle M. A.), 33, rue Bayen.

DESCAT (Mlle H.), 5, Villa Spontini.

DEVACKE (Mlle L.), 28, rue N. D. des Champs.

DIÉTERLE (Mme Yv.), 3, rue de Bruxelles.

DIRICKS (Mme Anna), 15, rue Boissonade.

DIDERICHSEN (Mlle Henny).

DELATTRE (Mme).

DRY-DE-SENECY (Mme), 20, rue Navarin.

DUBOIS-PONSOT (Mme M. E.), 15, rue Mansart.

DOWNING (Mlle), 30, Tite Street, Chelsea, à Londres.

DUCROT-ICARD (Mme Fr.), 1, Place Thiers, à Saint-Germain-en-Laye.

DUCOUDRAY (Mlle M), 1, avenue Henri Martin.

DURVIS (Mme M.), rue de l'Université, 35.

FÉER (Mme Cambon), 3, rue Théophile Gautier.

FIZELIÈRE-RITTI (Mme de la), 57, Grande-Rue, à Saint-Maurice (Seine).

FLEURY (Mme F.), 43, rue Victor Massé.

FORESTIER-BARBE (Mme A.), 12, rue Monchanin.

FOUCAUT (Mme C.), 54 *bis*, avenue Belle Gabrielle, à Nogent-sur-Marne.

FORSELLES (Mlle), 47, rue Vavin.

FRUMERIE (Mme Agnès de), 66, rue de Rome.

FRANCA (Juliette de), 9, rue Falguière.

FULPIUS (Mlle E), 27, avenue du Maine.

GABRIELLE-DUMONTET (Mme Laval), 118, rue Saint-Dominique.

GAILLARD (Mlle Marie), 53, rue d'Amsterdam.

GALLAUD (Mlle M.), 136 *bis*, avenue de Neuilly.

GAUDEFROY (Mme L. Martin), 48, rue Lemerchier, à Amiens.

GENNEDIUS (Mlle Cléonice), 63, corso Umberto, à Rome.

GERSON (Mlle Marie), née à Varsovie.

GIESSONDOUFF (Mme M.), 234, Boulev. Raspail, XIVe.

GILLET (Mlle L.), 11, rue Montmorency, Boulogne.

GINÈS-Y-ORTIZ (Mme), Espagne.

GIN (Mlle F.), 43, rue Levis.

GIRARDET (Mme Berthe), 26, Boulevard Inkermann, à Neuilly.

GLEICHEN (Mme la Comtesse Féodora), Grande-Bretagne.

GOUPY (Mme veuve Apolline), 7, rue Gustave Nadaud.

GRANGER (Mlle Geneviève), 22, rue Denfert-Rochereau.

GRIMAUD (Mme, née Trébuchet), 2, avenue de Nancy, à Saint-Cloud.

GRINGOIRE (Mme P.), 18, rue Hamelin.

GRUYER-CAILLEAUX (Mme Marie), 9, rue Duperré.

GROYN-JEFFREYS (Mlle), Grande-Bretagne.

GUILLAUMET (Mme H.), 16, rue Eugène-Flachat.

HALLER (Mme G.), 20, Boulevard de Courcelles.

HARTMANN (Mme Lucy), 4, Place Malesherbes.

HATTORI (Mme Koren), Japon.

HEYMANN (Mme Oct.), à Viarmes, Seine-et-Oise.

HÉLO (Mme), 43, rue Piat.

HUBNER (Mme J.), 32, avenue Wagram.

HUGUES-ROYANNEZ (Mme Jeanne Clovis), 18, pass. Elysées-B. Arts.

HIROU (Mlle), 3, rue de Sèze.

ITASSE (Mlle J.), 233, rue Faubourg Saint-Honoré.

JAUZION (Mlle J.), 23, rue Oudinot.

JOUANNY (Mlle Marthe), 4, rue Léon de Maleville, à Montauban.

JOUANNY (Mlle Léontine), 4, rue Léon de Maleville, à Montauban.
JOUVRAY (Mlle Madeleine), 47, rue Blomet, XVe.
JOZON (Mlle J.), 37, rue Babylone.

KJELLBERG (Mme), Suède.

LABBÉ (Mlle Céline), 19, rue de Sèvres.
LABRY (Mlle A.), 13, rue Pergolèse.
LABOURET (Mlle Marthe), 11, av. Fontenay.
LACOMBE ((Mme de, née Gamelin), 151, rue de Grenelle.
LANIEL (Mlle M.), à Vernon.
LAFFITE-DAUSSET (Mme), 1, rue Cavalotti.
LAFAURIE (Mme M.), 12 *bis*, rue Legendre.
LANCELOT-CROCE (Mme), 88, via Léonina, à Rome.
LAURENT (Mme Bl.), 233, Faub. St-Honoré.
LARIVIÈRE (Mme de), recette des Finances, à Sedan.
LECORDIER (Mme P.), 48, rue Berri.
LECONTE Mlle), 13, rue Bonaparte.
LEDUC (Mme), 74, rue Laugier.
LEDRU (Mme L., née Chrétien), 20, rue Royale.

LEMAITRE (Mme Alice M.), 93, av. Chemin de fer. Le Raincy.

LEMAITRE (Mme Eglantine, née Robert-Houdin), à Blois.

LEMARCHAND (Mme), 5, rue Lemercier.

LEROUX-BOGUREAU (Mme), 22, rue de la Banque.

LEVEL (Mme H.), 37, rue de Rome.

LOMBARD (Mme), 24, rue Rebeval.

LOISON (Mme L., née Bernard), 58, rue Caumartin.

LEROY (Mlle Marie), 18, rue Le Verrier.

LUMINAIS (Mme Hélène), 17, B. Lannes.

LUNN (Mme), à Copenhague.

MAILLOT (Mme Pauline).

MALLARINO (Mme Solange de), 16, rue de Chaillot.

MANIEL (Mlle Amélie), 233, Faub. Saint-Honoré.

MANUELA (Mme Anne, duchesse d'UZÈS), château de Bonnelles.

MARC (Mme Fanny), 111 *ter*, rue d'Alesia.

MAUGENDRE-VILLERS (Mme Ar.), à Gournay-en-Bray.

MALDANT (Mlle Charlotte), 179, B. Péreire.

MANONVILLER (Mme Amélie), rue Bagnolet, à Vincennes.

MACLAREN (Mlle Ottilie), 14, rue Lesueur.

MARS-VALLETT (Mme Marius), 133, av. du Maine.

MATTE (Mlle R.), 53, av. Montaigne.

MATTON (Mlle Ida), 233, Faub. Saint-Honoré.

MALUSSIÈRE (Mme Marie), 89, Bd. Bineau, Neuilly.

MAZERY (Mme H., née Kock), 9, rue Bourdaloue.

MARCEL (Mme Jane), 10, B. Emile Augier.

MERIGNAC (Mme), 20, rue Soufflot.

METCHNIKOFF (Mme Olga), Russie.

MILLES (Mlle Ruth), 9, rue Falguière.

MOMBUR (Mlle G.), 39, av. de Ségur.

MONGINOT (Mlle Ch.), 37, rue Denfert-Rochereau.

MORIA (Mlle Blanche), 4 *bis*, rue des Réservoirs.

MORIN-GUILLON (Mme L.), 13, rue Brochant.

MULLER-VANDEVELDE (Mme Dalila), 22, rue Clavel.
MEZZARA (Mme Florence).

NALLET-POUSSIN (Mme Emma), 8, rue Bellefond.
NAOUM-ARANSON (Mme), à Kreslavka, Russie.
NEWMANN (Mlle), 162, Goldhurst Terrace, à Londres.
NEJBERG (Mme), Copenhague.

OLIVIER (Mme), 8, rue de la Glacière.
OLIVETTI (Mme), 11, rue de Châteaudun.
OZANNE (Mlle Fryda), 56, rue du Pont de Créteil, à Saint-Maurice, Seine.

POWNALL (Mlle), à Leig, Angleterre.
PAGÈS (Mme Emile), 17, rue Saint-Roch.
PAIN (Mlle), 22, rue de Strasbourg, à Bourges (Cher).
PALMELLA (Mme la duchesse Marie de), à Lisbonne.
PEDDLE (Mme Caroline), Terre-Haute, Etats-Unis.
PELTIER (Mme Thérèse), 14, rue Fontaine.
PERTERSEN (Mlle N.), 1, rue Dutot.

PETTIT (Mme, née Dareste de la Chavannes), 32, rue Jouffroy.
PFEIFER (Mlle), Boul. Raspail, 243.
PHILIPPART (Mme), 22, rue Chefer.
PUIGANDEAU (Mme Clotilde du), 26, rue du Luxembourg.
PIRET (Mme Marie), 18, rue du Mont-Cenis.

QUEVILLON (Mme E. Wendell), 33, rue de Strasbourg, Bordeaux.
QUINQUAND (Mme Thér.), 6, rue des Ecoles, à Arcueil.

RAPHAËL (Mlle Suzanne) 5, rue Emile Allez.
RASTOIN (Mme J., née Bonnet), 43, rue de Constantinople.
RIÈS (Mme Th.), à Moscou.
RICHARD-BOUFFÉ (Mme), 42, rue de la Victoire.
REIBEL (Mlle Mad.), 19, avenue d'Orléans.
RODOCANACHI (Mlle), à Londres, 2, Clarendon Place.
RODE (Mlle Eug.), 68, avenue Daumesnil.
ROCH (Mlle Cl.), 29, rue d'Assas.
ROZET (Mlle), 6, rue Aumont-Théville.

RUSSELL-GLENNY (Mme Alice), 45, avenue du Bois de Boulogne.
RINGIER (Mlle J.), 8, Place Breda.
RUGGLES (Mlle), à Boston.

SERRUYS (Yvonne), 85, Boul. Montparnasse.
SCHOENEWERK (Mlle A.), 35, rue Vanneau.
SHAW (Mme), 29, York Street, à Londres.
SCHWARTZE (Mlle Geo), à Amsterdam.
SIGNARD (Mme Claude), 10, cité du Midi.
SMITH (Mme Hélène), 4, rue Léopold Robert.
STACK (Mlle Blanche), 31, Seeson Street, à Dublin.
SWAINSON (Mlle Mary), 14, rue Lesueur.
SYAMOUR (Mme), 6, rue du Val-de-Grâce.

THOMSON (Mme Jeanne), 7, rue Tardieu.
THOMAS-SOYER (Mme Math.), 31, rue Saint-Placide.
THIOLLIER (Mlle Emma), 27, rue de Grenelle.
TARTARIN (Mlle Jane), 109, rue des Jardins, à Amiens.

TONNESEN (Mlle Amb.), 209, Boul. Raspail.

TIZARD (Mlle Rate), 31, rue Vaneau.

TESTARD (Mme Pauline).

UFFOLTZ (Mme Valérie), Hôtel des Invalides.

UZÈS (Mme la duchesse. *Manuela* d'), 76, rue de Courcelles.

VALLGREN (Mme Ant.), 233 *bis*, Faub. St-Honoré.

VARLET-BIZOT (Mme M.), 95, av. de Versailles.

VÉDIE ((Mme Mary), 60, rue Mazarine.

VÉRIANE (Mlle Renée de), 4, rue Aumont-Thiéville.

VIARDOT (Mme Paul), 36, rue Jouffroy.

VIENNOIS-ALEX (Mme Cl.), 14, rue Victor Hugo, à Vienne (Isère).

VONNOH (Mme Bessie Potter), à St-Louis, Etats-Unis.

WALLIS (Mme), 65, rue du Moulin-Vert.

WALTHER (Mme), 21, Boul. Hausmann.

WEBER (Mlle Ella), 7, rue Daguerre.
WEYL (Mme Jenny), 51, rue de Prony.
WHITE (Mme), 16, Churchfield-Road, à Londres.

MEMENTO

Noms des Femmes Sculpteurs se trouvant dans plusieurs chapitres.

AHLBORN (Mlle), récompenses.
AGUTTES (Mme), dossiers.
ALBAZZI (Mme *la comtesse*), récompenses.
AROSENIUS (Mlle), récompenses.

BAGG (Mlle), dossiers.
BAILECHACHE (Mme la vicomtesse de), dossiers, Sommités.
BEETZ (Mlle), dossiers.
BENEDICKS-BRUCE (Mme), récompenses.
BERNHARDT (Mme *Sarah*), récompenses.
BERNARD (Mme *Ch. G.*), récompenses.
BERTAUX (Mme *Léon*), récompenses, Etat, Musées, Monuments, dossiers, Sommités, cartes postales, Professeurs.

BERTRAND (Mlle *Charl.*), dossiers, éditées, Professeurs.
BEVERIDGE (Mlle), récompenses.
BIANCHI (Mme), récompenses.
BISSON (Mlle), dossiers, Etat.
BIZARD (Mlle), récompenses, dossiers, Etat, Sommités, cartes postales.
BLANCHON (Mlle), récompenses, dossiers.
BLOCH (Mme), récompenses, dossiers.
BOERO (Mlle), dossiers, professeurs.
BORGEAUD-STRENZ (Mme), récompenses, dossiers, éditées.
BOSCH-RIETZ (Mlle), récompenses.
BOIS (Mme Roberte du), récompenses.
BOURSIER (Mme), récompenses.
BRICARD (Mlle), récompenses, dossiers.
BRACH (Mlle), récompenses.
BRIDES (Mme), dossiers.
BUFFON (Mme de), dossiers, Sommités.
BRUCE (Mme), récompenses.

CASINI (Mlle *Amélie*), récompenses, dossiers, Sommités, Province, galeries, Professeurs.
CASSAVETTI (Mme *Marie*), récompenses.

CASSAVETTI-ZAMBACCO (Mme), récompenses.

CAZIN (Mme *Marie*), récompenses, dossiers, Etat, Musées, monuments, Province, Galerie.

CHOLET (Mme *la comtesse de*), dossiers.

CLAUDEL (Mlle *Camille*), récompenses.

CHARDONNET (Mlle *A. de*), dossiers, Sommités.

COLOMBIER (Mlle *Amélie*), dossiers, Etat, Musées, Sommités, éditées, galeries, cartes postales.

CONKLING (Mme), dossiers.

COOPER (Mlle *Dauglas*), dossiers, Sommités, Province.

COLEBROOKE (Mlle A.), dossiers.

COUTAN-MONTORGUEIL (Mme), récompenses, dossiers, Etat, Musées, Monuments, Sommités.

COUTANT (Mme N.), récompenses.

CURTOIS (Mlle E.), récompenses, dossiers, Province, Monuments.

CRANNEY-FRANCESCHI (Mme M.), récompenses, dossiers, Sommités.

CURTIS-HUXLEY (Mlle), récompenses.

DELATTRE (Mme), récompenses.
DEMAGNEZ (Mlle *M.-A.*), récompenses, dossiers.
DESCAT (Mme H.), récompenses, dossiers.
DIÉTERLE (Mme Yvonne), dossiers.
DIDERICHSEN (Mme Henny), récompenses.
DOWNING (Mlle), dossiers, Province.
DRY-DE-SENNECY (Mme), dossiers.
DUCROT-ICARD (Mme F.), récompenses, dossiers.
DUCOUDRAY (Mlle M.), récompenses, dossiers.
DURVIS (Mme M.), récompenses.

FIZELIÈRE-RITTI (Mme de la), dossiers, Musées, Monuments, Sommités, éditées, Province.
FORESTIER-BARBE (Mme A.), récompenses.
FORSELLES (Mlle de), dossiers.
FRUMERIE (Mlle A. de), récompenses, dossiers.
FRANCA (Mlle Julietta de), dossiers, Sommités, Province, galeries.
FULPIUS (Mlle E.), récompenses, dossiers, Etat, Musées, Professeurs, Province.

GABRIELLE-DUMONTET (Mme *Laval*), récompenses, dossiers, Musées, monuments, éditées, Province.

GALLAUD (Mlle *M.*), dossiers.

GAILLARD (Mlle *M.*), dossiers.

GENNEDIUS (Mlle *Cléonice*), récompenses, dossiers, monuments.

GERSON (Mlle *Marie*), récompenses.

GINÈS-Y-ORTIZ (Mme), récompenses.

GIRARDET (Mme *Berthe*), récompenses, dossiers, Etat, Musées, monuments, éditées, cartes postales.

GLEICHEN (Mme *La Comtesse*), récompenses.

GOUPY (Mme *Vve Ap.*), dossiers, monuments, Sommités, Professeur.

GRANGER (Mlle *Geneviève*), récompenses, dossiers, Etat, Musées, sommités, Province, Galeries, Professeurs.

GRUYER-CAILLEAUX (Mme *M.*), récompenses, dossiers, éditées, Province, cartes postales, Professeurs.

GROYN-JEFFREYS (Mlle), récompenses.

HALLER (Mme *G.*), récompenses, dossiers, Musées.

HATTORI (Mme *Koren*), récompenses.

HÉLO (Mme), dossiers, éditées.

HUGUES-ROYANNEZ (Mme *Jeanne Clovis*), dossiers, Etat, Monuments, Sommités.

HIROU (Mlle), récompenses.

ITASSE (Mlle *Y.*), récompenses, dossiers.

JAUZION (Mlle), dossiers.

JOUANNY (Mlle *Marthe*), dossiers, Musées, Province, Professeurs.

JOUANNY (Mlle *Léontine*), dossiers, Province, Professeurs.

JOUVRAY (Mlle *Madeleine*),récompenses, dossiers, Etat, Musées, Sommités, éditées, Professeurs.

JOZON (Mlle *J.*), récompenses, dossiers.

KJELLBERG (Mme), récompenses.

LANCELOT-CROCE (Mme), récompenses, dossiers, Etat, Monuments, Sommités, éditées, Galeries.

LAURENT (Mme *Bl.*), récompenses, dossiers, cartes postales.

LARIVIÈRE (Mme *de*), récompenses.
LECONTE (Mlle), dossiers.
LEMAITRE (Mme *Eglantine, née Robert-Houdin*), récompenses, dossiers, Musées, éditées, galeries, Province.
LEMARCHAND (Mme), dossiers, Province, Professeurs.
LEROUX-BOGUREAU (Mme), dossiers.
LEVEL (Mme *H.*), récompenses.
LOMBARD (Mme), dossiers, Professeurs.
LOISON (Mme *L., née Bernard*), dossiers.
LUNN (Mme), dossiers, Province.

MAILLOT (Mme), récompenses.
MALLARINO (Mme, *Solange de*), dossiers.
MANIEL (Mlle *Amélie*), récompenses.
MANUELA (Mme *Anne, duchesse d'Uzès*), récompenses, dossiers, Musées, Monuments, éditées, cartes postales.
MARC (Mme *F.*), récompenses.
MAUGENDRE-VILLERS (Mme), récompenses.
MANONVILLER (Mlle *A.*), dossiers, Province.
MATTE (Mlle *R.*), récompenses.

MATTON (Mlle *Ida*), récompenses, dossiers, Monuments, Sommités.
MÉRIGNAC (Mme), dossiers.
METCHNIKOFF (Mme *O.*), récompenses.
MILLÈS (Mlle *Ruth*), récompenses, dossiers, éditées, Provinces.
MONGINOT (Mlle *Ch.*), récompenses, dossiers, Musées.
MORIA (Mlle *Blanche*), récompenses, dossiers, Etat, Musées, Monuments, éditées, Province, Professeurs, cartes postales.
MEZZARA (Mlle *Florence*), récompenses.
MULLER-VANDEVELDE (Mme), dossiers.

NAOUM-ARANSON (Mme), récompenses.
NEJBERG (Mme), récompenses.
NEWMANN (Mlle), dossiers.

PAIN (Mlle), dossiers.
PALMELLA (*duchesse de*), récompenses.
PEDDLE (Mme), récompenses.
PELTIER (Mme), récompenses, dossiers, Sommités.
PETERSEN (Mlle), récompenses.
PFEIFER (Mlle), dossiers, Sommités.

PIRET (Mme *Marie*), dossiers, Monuments, Sommités, Professeurs.
POWNALL (Mlle), récompenses.

RAPHAËL (Mlle), dossiers.
RODOCANACHI (Mlle), dossiers.
ROCH (Mlle), dossiers, Monuments, Province, Galeries, Professeurs.
RIÈS (Mme), récompenses.
ROZET (Mlle), récompenses, dossiers, cartes postales.
RUGGLES (Mlle), récompenses.

SMITH (Mlle), dossiers.
SHAW (Mme), dossiers.
SCHWARTZE (Mlle), récompenses.
SYAMOUR (Mme), récompenses, dossiers, Etat, Musées, Monuments, éditées, Galeries.

THOMAS-SOYER (Mme), récompenses, dossiers, Musées, éditées.
TONNESEN (Mlle), récompenses, dossiers, Sommités.
TIZARD (Mlle), dossiers.
TESTARD (Mme Pauline), récompenses.

UFFOLTZ (Mme), dossiers.
UZÈS (*duchesse Anne d'*), récompenses dossiers, Musées, Monuments, éditées, cartes postales.

VALLGREN (Mme), récompenses.
VARLET-BIZOT (Mme), dossiers.
VÉDIE (Mme), dossiers, Monuments.
VÉRIANE (Mme *de*), récompenses, dossiers, Sommités.
VIARDOT (Mme), dossiers, Sommités.
VONNOH (Mme *Bessie Potter*), récompenses.

WALLIS (Mme), récompenses, dossiers.
WALTKER (Mme), dossiers.
WEBER (Mlle), dossiers, Sommités.
WEYL (Mme), récompenses, dossiers.

TABLE DES MATIÈRES

Imp. H. Jouve, 15, Rue Racine, Paris.

www.ingramcontent.com/pod-product-compliance
Ingram Content Group UK Ltd.
Pitfield, Milton Keynes, MK11 3LW, UK
UKHW022014170726
13837UKWH00001B/175